市值管理

新时代企业战略管理与效益升级

陈睿峰 / 著

MARKET
VALUE
MANAGEMENT

中国原子能出版社　中国科学技术出版社

·北 京·

图书在版编目（CIP）数据

市值管理：新时代企业战略管理与效益升级 / 陈睿峰著 . — 北京：中国原子能出版社：中国科学技术出版社，2024.1

ISBN 978-7-5221-2984-6

Ⅰ . ①市… Ⅱ . ①陈… Ⅲ . ①上市公司—市场价值—研究—中国 Ⅳ . ① F279.246

中国国家版本馆 CIP 数据核字（2023）第 177232 号

策划编辑	杜凡如	执行策划	王碧玉
责任编辑	付　凯	文字编辑	何　涛
封面设计	东合社·安宁	版式设计	蚂蚁设计
责任校对	冯莲凤　邓雪梅	责任印制	赵　明　李晓霖

出　　版	中国原子能出版社　中国科学技术出版社
发　　行	中国原子能出版社　中国科学技术出版社有限公司发行部
地　　址	北京市海淀区中关村南大街 16 号
邮　　编	100081
发行电话	010-62173865
传　　真	010-62173081
网　　址	http://www.cspbooks.com.cn

开　　本	880mm×1230mm　1/32
字　　数	169 千字
印　　张	8.5
版　　次	2024 年 1 月第 1 版
印　　次	2024 年 1 月第 1 次印刷
印　　刷	北京盛通印刷股份有限公司
书　　号	ISBN 978-7-5221-2984-6
定　　价	69.00 元

前　言

　　无论企业所处行业、发展阶段、规模大小，如何搭建市值管理体系是每家上市公司需要解决的难题。

　　2014 年 5 月 9 日《关于进一步促进资本市场健康发展的若干意见》（以下简称《意见》）正式出台，该《意见》明确提出"鼓励上市公司建立市值管理制度"。自此之后，市值管理的话题吸引了大批上市公司高层的讨论，热度居高不下。

　　时代在变，环境在变，人的观念也在变。每家上市公司的管理层都需要时常审视市场环境，对管理工作产生新的理解与感悟。实际上，市值是公司在资本市场中的名片，是无形的广告，也是资本市场杠杆的支点。

　　长久以来，限于市值管理的内在动力不足，管理层和股东利益不一致等问题，上市公司的发展一波三折。市值管理计划只有被每一位高层认可并推行，形成市场价值与内在价值的溢价协同，才能在公司战略层面起到正向作用。

　　市值管理所带来的经济效益与社会效益都非常可观，从长远来看，更可以为公司赢得良好的业内口碑。因此，无论是对公司利润的增长，还是对高层人员业绩的提升，市值管理都有着重要意义。公司需要注意的是，市值管理的各环节环环相扣，如果其中一个环节没处理好，那么整体的效果就会大打折扣。

综上所述，市值管理对于上市公司的发展有着重要意义。但公司决不能通过恶意操纵股价等不良方式管理市值，提升市值最关键的举措是增强其自身的经营能力，稳步提高自身的价值。

在传统与创新并驾齐驱的当下，越来越多的行业意识到市值管理对于公司发展的重要作用。但做好市值管理不是一件容易的事，尤其是在创业浪潮此起彼伏之际，让自己的公司有更高的市值，从而在市场上站稳脚跟，更是难上加难的事情。此时作为公司的管理层，我们应该做的，就是尽可能地了解和学习更多市值管理技巧，把握住每一个提升公司市值的机会。

本书考虑读者需求，面向企业高管、投资人士等职业人群，尽量用严谨的理论、翔实的案例帮助上市公司从激烈的行业竞争中脱颖而出。本书行文也力求用比较系统的方式，整合并讲述了有关市值管理的知识和核心逻辑。本书的内容汇聚了笔者的所思、所感，还结合大量真实案例，来让读者更容易地理解书中讲解的知识，从而加深读者对市值管理这一概念的认知，填补大家在企业市值管理方面的知识空缺。

本书也是笔者对自己从业历程和实践经验的一次复盘与整理，可能会有疏漏和尚待补实之处，欢迎大家指正。

第 13 章

合法合规：上市流程及制度全解析

第 **1** 章

底层逻辑：企业为何
需要市值管理

市值指的是企业的市场价值，是企业在公开、有效市场中，根据市场中真实、有效的买卖价格得出的总价值。简单来说，市值就是一段时间内企业股票的发行总量与其价格相乘所得到的乘积，它代表着企业的运营情况。

本章将从市值的具体定义与计算公式出发，为读者详解市值管理的重要性。

1.1　理论基础：市值管理实现企业价值最大化

市值管理是一种实现企业价值最大化的长效管理机制，它可以增加企业的未来净现金流，降低企业经营风险。市值管理涉及广泛，包括经营、财务、投资、品牌等方面。企业只有在每一个方面都做到最好，才能在市场中占据更有利地位，从而提升市值。

1.1.1　市值管理的具体定义

市值管理是指上市企业从提升企业市值的角度出发，通过财务运营、制度规划、投资者关系管理等方式，使股价充分反映企业价值的一系列管理行为。因此，市值管理应该是上市企业的重要工作之一。

为什么要进行市值管理？这是因为企业的净利润、总资产高不等于市值高。例如，根据 2021 年年报，贵州茅台酒股份有限公司的净利润为 557.21 亿元，总资产为 2551.68 亿元，市值为 23700 亿元；招商银行的净利润为 1199.22 亿元，总资产为 92490.21 亿元，市值为 8337.68 亿元。

股票的价值是通过资产总额、净利润、市值三个指标体现出来的。其中，市值是增加股东财富的重要指标，市值得到提升可以使得股东手中的股票更值钱，让它在二级市场抛售股票时能够获得更多的利润。因此，做好市值管理，才能长远地实现股东利益最大化。

另外，从企业发展的角度来看，市值是市场对企业价值做出的评价，是衡量上市企业实力的重要指标。如果企业没有一个可观的市值，就会在市场竞争中落于下风，处于被动地位。

那么，企业应该从哪些方面入手做好市值管理呢？

1. 财务报表

企业财务报表中的数据能客观反映企业的很多问题，例如赢利状况、发展前景等，很多投资者会据此做出投资决策。因此，财务报表是市值管理的一项重要内容。

例如，某企业公布的年报，每股收益为 5 元，分红也十分丰厚。但股价却暴跌，这是因为企业的营收增长趋势放缓，只增长了 10%。而在历史上，该企业的营收增长幅度很高，一般可达到 30% 以上。因此，该企业的营收增长趋势放缓，给了市场一个信号，即该企业可能即将进入增长平台期。而这一情况导致市场投资者信心受挫，进而减持该企业的股票。

2. 行业

企业所处的行业对企业市值有很大影响。三家利润相同的企业，市值可能存在天壤之别。原因就是这三家企业处于不同的行业，而市场对这三个行业的发展预期是不同的，进而造成了企业的估值存在差异。

例如，受新冠疫情影响，房地产、汽车等行业企业的市值都有不同程度的下滑，而医药行业企业的市值则有所上升。

3. 业务结构

企业的业务结构有时也会影响市值的高低。例如联想控股旗下曾有一家子公司名为神州数码，而这家公司与联想控股的业务类型不同，导致联想控股的整体定位不清晰、市盈率不高。后来，联想控股对业务结构进行了调整，剥离了神州数码，不仅减少了亏损，还让该公司的定位更加清晰，这也使得联想控股的市盈率、利润得以提高，市值大幅增加。

4. 商业模式

即使是处于同一行业的企业，拥有的商业模式不同，企业的市值也会存在较大的差异。例如，截至 2022 年 8 月 3 日，上海美特斯邦威服饰股份有限公司的市值为 41.46 亿元，报喜鸟控股股份有限公司的市值为 53.12 亿元，雅戈尔（雅戈尔集团股份有限公司）的市值为 287.45 亿元。为什么同样都是服装品牌，市值会相差这么多？原因就在于不同的商业模式有不同的资产结构、运营效率和赢利能力，这些都会影响给投资者带来的回报。而市场认为雅戈尔的成长性更好，更能为投资者带来丰厚回报。

5. 主题和概念

在 A 股市场中，企业的主题和概念也很重要。与新概念相关的企业，市值可能会大增。例如，近几年兴起的新概念"元宇宙"，让一众高科技企业市值大增。其中，中青宝、丝路视觉、盛天网络、芒果超媒、完美世界等都成了备受市场关注的元宇宙概念股。

6. 股东结构

股东结构决定了是谁真正管理企业，这对企业的效益会产生非常大的影响。例如，东北高速是由吉林高速、黑龙江高速发起上市的，上市后两家企业的股东产生矛盾，导致资产发挥不了经济效益，市值偏低。后经中国证券监督管理委员会（以下简称"证监会"）特批，东北高速又拆分为吉林高速和龙江交通，拆分后吉林高速股价上涨 140%，龙江交通股价上涨 108%。两家企业的市值都有了大幅提升。

7. 4R（IR、AR、MR、RR）

4R 分别代表投资者关系管理（IR）、分析师关系（AR）、媒体关系（MR）、监管层关系（RR）。4R 是市值管理的重要内容。专业人士对企业价值的描述，可以增强市场对企业的了解，提升投资者的信心。

例如，复星集团属于多元化企业，产业结构有六个部分，即医药、房地产、钢铁、矿业、零售、金融。按照以往的市场情况，多元化企业的市值很难提升。起初复星集团与摩根士丹利、高盛等投资机构接触，但国际资本市场不认可这种多元化企业，只给出了 6 倍市盈率。之后复星集团又和当时在瑞士银行任职的蔡洪平接触。蔡洪平问复星集团的董事长郭广昌，为什么他投资的相关性不高、经营风险却很高的产业都成功了。郭广昌告诉蔡洪平，复星集团的核心能力就是率先识别出哪个行业值得进入，所以才会形成一个在外人看来无法理解的业务结构。这让蔡洪平非常感兴趣。最后蔡洪平决定以 20 倍市盈率的价格承销复星集团的股票，并提出"复星是中国经济高速成长中的产业机会发现者"的观点。这个观点使得复星集团在投资者心中的定位彻底改变了，从"多元化企业"变成"中国产业机会的发现者"。这让市场对复兴集团的信心大增，复兴集团借此成功提升了市值。

市值管理是一项长期、复杂的工作。上市企业对此要有长期规划，不仅要在经营业绩、投资者关系、商业模式、资本结构等方面做好设计，还要学会利用市场的导向作用来观察方向、发现机会，从而实现市值最大化。

1.1.2 市值管理 vs 操纵市场

2021 年 5 月，某博爆料，某上市公司与盘方假借市值管理之名，进行操纵市场、内幕交易等行为。这将本就备受关注的市值管理再一次推上了风口浪尖，有人甚至说市值管理其实是"操纵市场"的文雅说法。那么市值管理和操纵市场之间到底有何区别？

根据前文所叙述的市值管理的概念可知，市值管理是一种综合运用多种科学、合规的经营方式和手段，最终达到企业价值最大化目的的战略管理行为，其核心是价值创造、价值实现和价值经营。而且有关部门也发文明确鼓励上市企业建立市值管理制度。

上市企业进行市值管理的方法多样，例如，回购股票、大股东增持、高管减薪、产融结合①、并购重组等都是合规的市值管理方式。但在实践中，有些企业却借市值管理之名行操纵市场之实，例如，庄家操控股价、财务造假等。

《中华人民共和国证券法》（以下简称《证券法》）第

---

① 产业与金融业在经济运行中为了共同的发展目标和整体效益，通过控股、持股、参股和人事参与等方式进行的内在融合。——编者注

五十五条以及《中华人民共和国刑法》（以下简称《刑法》）第一百八十二条，都对操纵市场的行为进行了界定。

《证券法》第五十五条规定："禁止任何人以下列手段操纵证券市场，影响或者意图影响证券交易价格或者证券交易量：

（一）单独或者通过合谋，集中资金优势、持股优势或者利用信息优势联合或者连续买卖；

（二）与他人串通，以事先约定的时间、价格和方式相互进行证券交易；

（三）在自己实际控制的账户之间进行证券交易；

（四）不以成交为目的，频繁或者大量申报并撤销申报；

（五）利用虚假或者不确定的重大信息，诱导投资者进行证券交易；

（六）对证券、发行人公开做出评价、预测或者投资建议，并进行反向证券交易；

（七）利用在其他相关市场的活动操纵证券市场；

（八）操纵证券市场的其他手段。

操纵证券市场行为给投资者造成损失的，应当依法承担赔偿责任。"

《刑法》第一百八十二条："有下列情形之一，操纵证券交易价格，获取不正当利益或者转嫁风险，情节严重的，处五年以下有期徒刑或者拘役，并处或者单处违法所得一倍以上五倍以下罚金：

（一）单独或者合谋，集中资金优势、持股优势或者利用信息优势联合或者连续买卖，操纵证券交易价格的；

（二）与他人串通，以事先约定的时间、价格和方式相互进行证券交易或者相互买卖并不持有的证券，影响证券交易价格或者证券交易量的；

（三）以自己为交易对象，进行不转移证券所有权的自买自卖，影响证券交易价格或者证券交易量的；

（四）以其他方法操纵证券交易价格的。

单位犯前款罪的，对单位判处罚金，并对其直接负责的主管人员和其他直接责任人员，处五年以下有期徒刑或者拘役。"

从以上内容可以看出，操纵市场的行为主体为一人或多人。从主观上来看，具有故意影响证券交易量或者证券交易价格的目的。从客观上来看，一是具有操纵行为，即利用集中资金优势、持股优势或信息优势买卖证券的行为；二是具有操纵结果，即操纵行为造成了影响证券交易量或者交易价格的结果。

近年来，我国证监会对各类伪市值管理案件始终保持"零容忍"态度，对其利益相关方，一经查实，都从严、从快、从重处理。

2021 年，咨询公司 B 企业和上市公司 C 企业的实际控制人文某签署了《研究顾问协议》，约定 B 企业作为研究顾问机构向 C 企业提供顾问服务。B 企业根据文某减持 C 企业股票的需求（文某欲减持 2200 万股），为其提供操作方案（B 企业承诺 C 企业股价不低于 20 元 / 股）。

随后，B 企业向文某提出一系列市值管理方面的建议，包括披露收购 3 家医院，但不完整披露收购价款；不及时披露 D 项目，且用误导性描述影响投资者预期；选择特定时点披露新产品研发及生产进度，增加利好信息披露密度，影响投资者预期，操纵 C 企业股价。最终文某成功以 20 元 / 股的均价减持 2200 万股 C 企业股票，B 企业完成了与文某约定的服务内容，谢某其实际控制人收到了佣金。

在 B 企业和文某操纵市场的过程中，C 企业股价累计上涨 24.86%，同期中小板综指累计下跌 1.24%，偏离 26.1 个百分点。文某减持完成后，C 企业股价累计下跌 2.45%，同期中小板综指累计上涨 6.94%，而 C 企业没有发布任何对股价有影响的信息，股价因缺乏利好信息支撑而下滑，涨势明显变弱。

上述案例是一个典型的上市企业实际控制人与私募机构勾结造热点、炒股价的案件。C 企业实际控制人文某为实现高价减持股票的目的，与 B 企业实际控制人谢某合谋操纵信息。双方利用上市企业实际控制人的信息优势，控制 C 企业密集发布利好信息，未及时、真实、准确、完整地披露信息，夸大企业的研发能力；未及时披露不利的信息，误导了投资者的判断。

随着《证券法》以及《刑法》修正案（十一）的出台，我国已经形成了对操纵市场、行政、刑事、民事全方位的追责体系。有关部门公布的《关于依法从严打击证券违法活动的意见》，明确提出加大对操纵市场行为的惩处力度，夯实市场的法治和诚信基础，推动形成诚信守法的良好市场生态。上市企业既不能有畏难情绪，谈市值管理色变，也不能违规操作，违反法律牟取不正当利益。成熟的市场需要成熟的管理模式，这有赖于所有上市企业的共同努力。

1.2 客观评判：市值管理需以企业价值为核心

企业价值是企业遵循价值规律，使所有利益相关者都能获得满意回报的能力。企业的价值越高，企业给予利益相关者回报的能力也就越高。市值受价值的影响，围绕价值上下波动。市值也影响价值，市值越高，就越容易在市场中获得融资，从而进一步推动企业价值的提升。

1.2.1 企业价值 = 账面价值 + 内在价值 + 市场价值

巴菲特的投资哲学曾被人总结为三点：第一，一家企业的账面价值、内在价值和市场价值之间的关系；第二，投资的基础是内在价值；第三，站在所有者的角度去投资。因此，企业在进行市值管理之前要先弄清楚账面价值、内在价值、市场价值之间的区别和联系。

1. 账面价值

企业账面价值指的是企业资产负债表上所体现的资产价值，它的计算方法是从总资产中扣除一切负债；股票账面价值是拿企业账面价值除以企业的股份总数。

例如，某企业有 500 万元资产，100 万元负债，该企业的股份总数为 10 万股，则该企业的账面价值和股票账面价值分别为：

企业总账面价值 = 企业总资产 − 企业总负债 =500 万元 −100 万元 =400 万元

股票账面价值 = 企业总账面价值 / 股份总数 =400 万元 /10 万股 =40 元

对于上市企业来说，股票账面价值是企业股东享有的权利，在会计上被称为"股东权益"。如果扩大现行价值的计量范围，把表外资产和负债都纳入资产负债表中，那么账面价值就会接近内在价值。

2. 内在价值

内在价值也被称为非使用价值，指的是一家企业在余下的存续时间内可以产生现金流量的折现值。内在价值是股票未来收益的现值，与预期股息收入和市场收益率相关，可以说内在价值决定股票的长期波动趋势。企业的内在价值是公司估值的基础，也是评估投资回报和判断企业吸引力的重要依据。

3. 市场价值

市场价值指的是企业股票的价值，这个价值是市场给予的，充分反映了企业的发展情况。在二级市场中，无数投资者每天讨论的也是这个价值。

以 2022 年 8 月 4 日的收盘价为例，广州酒家的收盘价为 23 元，一天的浮动范围是 22.57~23 元。这意味着如果投资者认可这个价格，当天就可以在市场中进行交易。

如果市场完全有效，则市场价值等于内在价值；如果市场不完全有效，则市场价值可能在一段时间内不等于内在价值，但在一段时间后市场价值会回归到内在价值。市场越有效，回归速度越快。

然而企业的内在价值与账面价值和市场价值不同，后两者可以以实际数据体现出来，而报表中的任何数据都不能体现内在价值，没有人可以计算出某企业的内在价值是多少。

例如，一个学生完成学业进入企业工作，那他的所有学费就是账面价值，进入企业拿到的工资就是市场价值，而从他参加工作到退休，其能够带来的收入就是内在价值。内在价值不能确定为一个具体的数值，只能估算。

综上所述，内在价值、账面价值和市场价值既有区别，又有联系。

从投资的角度来看，投资者根据企业的内在价值给出企业的市场价值，但这并不代表账面价值没有用。账面价值是企业历史的缩影，是估算企业内在价值的基础。对于传统行业中的企业，特别是有效资产占比较大的企业来说，账面价值是估算内在价值的重要依据。

但对于其他企业来讲，特别是互联网、高新技术、现代服务等轻资产企业，就不能只凭借账面价值估算其内在价值。这些企业的未来成长性很强，所以除了参考账面价值外，还要根据商业模式、赢利模式估算其内在价值。

无论是一级市场，还是二级市场，几乎所有的投资者都在寻找市场价值小于内在价值的企业，以便低买高卖，增加收益。而从市值管理的角度来讲，每家企业都希望市场价值高于内在价值，这样可以让企业价值最大化，增加股东收益。这就需要企业通过商业模式创新、公司治理优化、投资者关系管理等方面提升企业股票的溢价能力，使得投资者愿意支付溢价。

1.2.2　市值管理是企业管理的关键

市值是一家企业内在价值的外在体现，市值高的企业通常内在价值就大。市值管理能够从多个方面促进企业资产价值的提升，让利益相关者获得更多收益，这也是企业经营的最高目标，因此，市值管理是企业管理的关键。

1. 市值管理有利于提升上市企业的实力和持续发展能力

企业的业绩水平和市值水平呈正相关关系，也就是说，上市企业当年的业绩越好，其股票价格也越高，因此，做好市值管理有利于提升上市企业的实力。有效的市值管理还可以帮助企业整合行业资源，通过兼并、收购等方式扩大自身规模，提高行业地位和可持续发展能力。

2. 市值管理有利于加强上市企业的抗风险能力

如果市值管理工作做得不好，那么可能会让上市企业的股票价格被低估或高估。当股价被低估时，企业的内在价值无法有效体现，同行竞争者可能会趁机以低价恶意收购企业；当股价被高估时，企业的市值会严重偏离其内在价值，所以可能会有股价大幅下跌的潜在风险。

进行市值管理可以有效规避上述风险。当股价处于高位时，企业可以以发行股票的方式收购其他企业，整合产业资源；当股价处于低位时，企业可以回购市场上的股份来稳定市值，提升投资者的信心。当上市企业的股价持续稳定地处于一个较高的水平时，意味着投资者非常认可企业的业绩和产品，这可以帮助企业快速增加营业收入，获得更充沛的现金流，抵御财务风险。

3. 市值管理有利于提高上市企业的融资能力

企业市值表现越好，一方面证明企业的经营管理和未来前景较好，意味着企业拥有较强的偿债能力和抗风险能力，有利于降低企业从银行获得信贷的成本。另一方面企业的信用评级就越高，更有利于企业在资本市场中获得融资，如发行企业债券等。

2020 年 10 月 13 日，格力电器（珠海格力电器股份有限公司）宣布董事会审议通过《关于回购部分社会公众股份方案的议案》，计划以集中竞价的方式在未来 12 个月内回购企业股份，回购总资金在 30 亿 ~60 亿元。如果按照最高的回购资金测算，60 亿元大约能回购格力电器 1.42% 的股份；如果按照最低的回购资金测算，30 亿元大约能回购格力电器 0.71% 的股份。

这是 2020 年以来格力电器的第二次股份回购。消息放出后，格力电器股价上涨 3.02%，总市值为 3465.06 亿元。据格力电器披露，这次回购的股份将用于员工持股计划或股权激励，如果未能在股份回购后的 36 个月内实现该用途，未使用的股份将予以注销。

在 A 股市场中，不低于 30 亿元的股份回购计划已经算得上大手笔，而格力电器在不到一年的时间内进行了两次这样大手笔的股份回购。这给市场释放一个信号：格力电器认为自身市值被低估，所以通过回购股份的方式进行市值管理。

根据同花顺数据显示，2020 年 8—10 月，3 个月内深证成指跌了 1.61%，格力电器股价跌了 5.32%；2020 年 10 月 10—14 日，5 天内深证成指涨了 6.77%，格力电器股价涨了 4.84%。可见格力电器的股价表现不如深证成指。

再看同行业其他竞争者，2020 年 10 月 14 日，美的集团（美的集团股份有限公司）的市值为 5284.82 亿元，比格力电器高了 1800 多亿元。而且在《2020 胡润中国 10 强家电企业》榜单中，美的集团高居榜首，成为中国最值钱的家电企业；而第二名的格力电器和第三名的海尔智家的企业市值则不如美的集团。

可见，在此节点下，格力电器确实需要采取措施提升企业市值。另外，格力电器当时的股价仅略高于新冠疫情期间的低点。及时推出回购计划，可以向投资者表示企业将进入经营复苏周期，股价会有较大涨幅，增强投资者的信心。

受新冠疫情的影响，当时市场表现低迷，但机遇往往伴随着危机而来。企业要通过市值管理，提升企业的竞争力，促进企业长期健康稳定发展，在危机中发现机遇。

第 **2** 章

价值导向：管市值
就是管估值

企业估值的高低会对其市值造成影响。合理的估值是市值管理的开端，影响着企业融资、并购、重组以及新股上市等众多环节。

2.1　企业估值的定义与具体方法

企业的估值是指对企业的内在价值进行评估，是企业进行投资、融资、交易的基础。市值管理的一项重要工作就是管理企业的估值，本节将介绍企业估值的定义以及影响估值的五大因素。

2.1.1　内在价值决定企业估值

号称"新式茶饮第一股"的"奈雪的茶（奈雪的茶控股有限公司）"于 2021 年 6 月 30 日登陆中国香港证券交易所，发行 2.57 亿股股份，每股定价 19.8 港元。然而根据"奈雪的茶"的招股书披露，"奈雪的茶"近几年一直在亏损，2018—2020 年亏损超过 1 亿元人民币，直至上市都没有实现过赢利，但是其估值却达到了 130 亿元人民币。

有的人可能不理解，为什么"奈雪的茶"连年亏损，还能有这么高的估值？这是因为企业估值是对企业内在价值的评估，关注的始终是企业未来持续发展的能力，而不是当下的盈亏。

"奈雪的茶"在 2018—2020 年，增长势头非常强劲。2018

年，它的门店数量为 155 家，2019 年为 327 家，增速为 110%。2020 年 11 月，其推出新型奈雪 PRO 茶饮店，加强了对高档写字楼和核心住宅区的渗透。截至 2022 年年底，"奈雪的茶"将在一线城市累计开设门店约 650 家。

"奈雪的茶"增势强劲，为什么还连年亏损？原因在于租金成本和固定资产摊销。"奈雪的茶"属于餐饮行业劳动密集型企业，与海底捞等其他餐饮品牌相比，它的经营利润率只有不足 10%。受新冠疫情影响，甚至下降到 4.8%，而海底捞的经营利润率为 18% 左右。利润低是导致"奈雪的茶"出现亏损的直接原因。

分析"奈雪的茶"的成本结构，我们可以发现，材料成本和人工成本是占比最大的两部分。以 2019 年的数据为例，它的材料成本为 36.6%，且一直呈上升趋势，到 2020 年已达 38.4%。可见，材料成本很难被大幅压缩。除此之外，"奈雪的茶"人工成本也很高，和海底捞同为 30%，这部分成本随着门店走向成熟，营收规模扩大，还有降低的空间。

它最大的问题在于租金成本。"奈雪的茶"房租成本占比为 12% 左右，而且随着门店数量增加，该部分成本会持续上升。"奈雪的茶"主要开设在高客流量区域，如购物中心、写字楼、核心居民区等，这些地段的租金较高，而且"奈雪的茶"尚未形成品牌效应，还不具备租金议价的能力。除此之外，茶饮店的固定资产占比更重，固定资产折旧也拉低了它的利润率。

2019 年，"奈雪的茶"的其他租金和固定资产折旧摊销共计占比 8.8%，而海底捞仅占 5% 左右。

尽管"奈雪的茶"存在诸多问题，但投资者依然看好它的前景。这是因为它具备线上获客的能力，有较强的赢利能力。

"奈雪的茶"的利润率确实不高，但它具有独特的线上客流优势。外卖订单的成本仅有材料支出和外卖配送费，这样可以大大提高门店的固定资产周转率，实现提升利润率的目的。这也是为什么"奈雪的茶"在亏损的情况下还要推出覆盖写字楼、居民区的奈雪 PRO 门店。2018—2020 年，"奈雪的茶"的外卖订单量一直在增长，直逼总订单量的 1/4，营业收入则占到总收入的 1/3。

除此之外，"奈雪的茶"还通过不断地提升产品的消费体验来打造品牌优势。门店定期推出当季限定产品，满足消费者尝试新产品的心态，提升顾客黏性。此外，"奈雪的茶"还秉持全手工制作的原则，最大限度给消费者提供优质服务。

企业估值反映的是投资者对企业的成长预期，反映的是企业的增长潜力而不是现值，这也是"奈雪的茶"能在亏损的情况下有着 130 亿元估值的原因。因此，对于企业而言，提升内在价值是提高估值的基础，只有做好内部管理，提升企业的活力和发展潜力，才能获得更多的资金流入。

2.1.2 影响估值的五大因素

影响估值的五大因素，分别为增长空间、增长速度、增长效率、净资产收益率指标及风险。依据这五个因素所得出的企业估值，会更加合理、有效。

1. 增长空间

一家企业如果想要发展壮大，那么它必然需要充足的成长空间。就如狭小的花盆结不出丰硕的果实一样，企业增长空间天花板越高，它的市值增长空间就越大，越容易受到投资人的喜爱。企业的增长空间一般可从用户渗透率、人均消费水平、行业现状等方面来判断。

例如，某体育服饰公司对中国的人均运动服饰消费水平进行研究后，发现该市场有较大的增长空间，如果投资得当，必然会获得丰厚的回报。但需要注意的是，拥有核心竞争力也很重要。如果企业不注重发展自己的核心竞争力，一味追求巨大的增长空间，最后也不过是竹篮打水一场空。

2. 增长速度

增长速度是显著影响企业估值水平的因素之一。因为增长空间难以准测，而企业收入、利润增速却是可以被准确预测的。

许多投资人很喜欢用 PEG 指标（市盈率相对盈利增长比率，是用企业的市盈率除以企业的盈利增长速度）对快速增长的公司进行估值。

3. 增长效率

现金流也是衡量一个企业市值的重要因素，因为它会对企业的增长效率有显著影响。一般而言，企业自由现金流 = 税后的净营业利润 + 折旧摊销 – 资本支出 – 运营资本支出。

例如，A 企业虽然利润增长速度快，但存货多，现金流不大；B 企业虽然利润增长速度快，但资本支出大，股东利润分配少。显而易见，它们的增长效率都不高，因此企业估值也不高。

4. 净资产收益率（ROE 指标）

净资产收益率（ROE），能体现出企业的独特竞争优势，它最能衡量企业的经营状况。很多投资人喜欢投资 ROE 指标提升幅度较大的企业，也许这类企业的 ROE 指标在之前并不优异，但会因为行业周期、资产剥离、分拆等因素得到大幅提升，股价也会有大幅上升，俗称为黑马股投资。

5. 风险

即使企业的收益情况不错，但承担了过高的风险，估值也会降下来。一般而言，企业要承担的风险有三种，分别是财务风险、经营风险、市场风险。

财务风险是指由财务杠杆带来的风险。为了偿还贷款，企业将面临现金流断裂的风险。

经营风险是指由经营杠杆带来的风险。经营杠杆过高意味着企业经营成本较高，企业抵御外在市场波动的能力较弱。一旦收入出现小幅度下滑，企业经营利润就会大幅度下滑。

市场风险是指经济周期对企业赢利造成的不利影响。衡量企业周期性的最简单办法是看其产品供给时间与产品使用寿命间的差值。

2.2　企业估值两大方法

通常来说，企业估值的方法有两种。一种为相对估值法，这种方法较为简便，如市盈率法（PE）、市净率法（PB）、市盈率相对盈利增长比率估值法（PEG）、市销率法（PS）。另一种为绝对估值法，这种方法较为复杂，主要采用折现方法，如股利贴现模型、自由现金流模型等。

2.2.1　相对估值

相对估值法也可称为可比公司法，是指在进行股票估值时，对可比较的或者有代表性的公司进行分析（特别注意那些有着相似业务的公司发行的新股以及相似规模的其他首次公开发行的新股），以获得估值基础。

相对估值法简单易懂，是常用的企业估值方法。相对估值法包含多种具体方法，比较常用的有以下几种。

1. 市盈率法（PE 法）

市盈率反映了在每股收益不变的前提下，当派息率为 100% 并且所有股息没有进行再投资时，投资多少年可以通过股息收回全部本金。市盈率分为静态市盈率与动态市盈率两种。其中，静态市盈率是指市场上广泛谈及的在 12 个月或者一个会计年度的考察期内，股票的价格和每股收益的比率。其计算公式为：

公式一：市盈率（PE）= 每股市价 / 每股收益

而动态市盈率的计算公式需要在静态市盈率公式的基础上，乘以动态系数。该系数为 $1/(1+i)^n$，其中，i 为企业每股收益的增长比率，n 为企业发展的存续期。该比率通常被用来估量某股票的投资价值，或者比较不同公司股票的价值高低。如果一家企业的市盈率过高，那么该企业股票的价格很可能有泡沫，企业价值可能被高估，反之，则可能被低估。

市盈率法的优点是数据容易获得，有广泛的数据参照，适用于轻资产的企业。

2. 市净率法（PB 法）

市净率是指每股股价与每股净资产的比率。相较于 PE 法，市净率更适合拥有大量固定资产及账面价值的企业。计算公式为：

公式二：市净率（PB）= 每股股价 / 每股净资产

使用市净率法估值时，首先，要通过企业的净资产计算出每股净资产；其次，根据二级市场的平均市净率、行业情况（同行企业的市净率）、企业经营状况以及净资产收益等信息确定市净率；最后，将市净率乘以每股净资产得出估值。

如果不考虑市场环境、公司经营情况、赢利能力等因素，一般来说，市净率较低的企业，投资价值较高；反之，则投资价值较低。

市净率法的优点是概念易懂、变化平稳、鉴别性强，当企业出现亏损时仍能使用。换而言之，市净率也影响着在企业出现风险被清算时投资者能够得到的资产。

3. 市盈率相对盈利增长比率估值法（PEG）

这一方法是在 PE 法的基础上演变而来的，它指的是市盈率相对盈利增长比率。这一方法弥补了 PE 法对企业动态性成长估计的不足。其计算公式为：

公式三：市盈率相对盈利增长比率（PEG）=（每股市价／每股收益）／每股收益复合增长率 ×100%

PEG 估值法要考虑企业的成长性。"G"是英文单词 growth 的首字母，表示企业未来几年的复合增长率，PEG 估值法更注重对企业未来的预期。

相对于 PE 法，PEG 法关注更多的是企业未来的成长性，所以一般适用于高成长性的企业，例如互联网企业。

通常来说，成长型股票的 PEG 都高于 1，有的甚至能达到 2 以上，这表明企业的业绩未来很可能会实现快速增长，这样的企业就容易有较高的估值。另外，当 PEG 小于 1 时，要么是市场低估了企业的价值，要么是市场认为企业业绩的成长性比预期差。

如果有一家处于发展稳定期的上市企业的 PE 为 50 倍，那么企业的估值就有些偏高。但如果该企业处于成长期，未来 2 年的复合增长率为 50%，其 PEG 值为 1，那么市场赋予企业的估值可以充分反映其未来业绩的成长性。

4. 市销率法（PS）

收入分析是评估企业价值的重要一步。没有销售，就不会有收益。因此，近年来在国际资本市场兴起用市销率计算企业估值的方法，这种方法主要适用于创业板的企业或高科技企业。其计算公式为：

公式四：企业价值＝价格销售比（PS）× 主营业务收入

使用这一估值方法的前提是，必须明确所涉及的销售额的主营业务构成以及有无重大进出项目，而且需要找出企业在很长一段时间内的历史最低、最高和平均 3 个市销率区间。该方法所分析的周期至少为 5 年或一个完整经济周期。

因此，这一方法既适用于经营平稳、高速增长的企业，也适用于经营困难、利润微薄的企业，但不适用于业绩波动大的企业。

采用相对估值法对企业价值进行分析时，还要对宏观经济、行业发展以及企业概况进行综合分析。在建立估值模型时，企业应注意选择恰当的企业进行估值比较，确保企业估值的合理性。

2.2.2　绝对估值

绝对估值法是上市企业常用的估值方法，主要采用现金流贴现和红利贴现的方法计算企业估值。

以现金流贴现法为例，现金流贴现法运用资本化定价的方式决定股票的内在价值。根据资本化定价方法，任何资产的内在价值都是由拥有资产的投资者在未来所接受的现金流决定的。由于现金流是预期值，因此必须按照一定的贴现率计算成现值。也就是说，企业的内在价值等同于其未来现金流之和的折现，通常以未来 5 到 10 年为一个期限。

在使用现金流贴现法对企业进行估值时，要重点考量现金流、贴现率、控制权溢价及非流动性折价等重要因素。

1. 现金流估算

在使用现金流贴现法对企业进行估值之前，首先要估算企业在未来 5 年或者 10 年的自由现金流。要做好这项工作，投资者必须对企业的业务情况和竞争优势有充分的了解，同时还要有一定的专业基础。

企业管理者与投资者达成的一致看法可以反映在对未来现金流的估算中。例如，目标企业的利润率未来会提高，或者它的销售增长速度会降低，又或者需要增加投入来保养现有的设备厂房等。

假设 A 企业 2021 年的自由现金流是 1000 万元，销售前景可观，通过一番研究，我们认为它的自由现金流在未来 5 年会以每年 10% 的速度增长。然后由于竞争加剧，5 年后它的自由现金流增长速度降为 5%。那么根据以上信息，我们可以列出从第 1 年到第 10 年的估计现金流，如表 2-1 所示。

表 2-1　从第 1 年到第 10 年的估计现金流

时间	现金流（万元）
第 1 年	1100
第 2 年	1210
第 3 年	1331
第 4 年	1464.10
第 5 年	1610.51
第 6 年	1691.04
第 7 年	1775.59
第 8 年	1864.37
第 9 年	1957.59
第 10 年	2055.47

2. 贴现率估算

贴现率指的是投资者需要从投资里得到的回报率。如果投资者认为项目风险高，他会要求更高的贴现率。

怎样估算贴现率呢？某企业把股市的股票贴现率的平均值定为 10.5%。其中，5% 是短期国债的收益率，也就是无风险收益率，剩下的 5.5% 表示投资者为了承担超过无风险投资的那部分风险，所要求得到对应该部分风险的回报。

当然，企业不能都用一个固定贴现率来计算。某企业曾经根据经验确定了一个区间，即贴现率范围为 8% 到 14%，风险越高、波动越大的行业取值越高，越接近 14%；风险越低、波动越小的行业取值越低，越接近 8%。例如，稳定的工业制造行业估取 9% 的贴现率，而风险较高的互联网企业估取 13% 的贴现率。

3. 控制权溢价及非流动性折价

现金流贴现的原理就是未来收获的一笔投资回报，相当于现在的多少投入。其计算公式为：

公式五：现金流贴现 = 未来现金流 × [1/（ 1+ 贴现率）^{年数}]

根据这一公式可以计算出当前的企业价值 X，然后据此计算并贴现企业的永久价值。

公式六：永久价值 = [第 5 年或第 10 年的现金流 ×（1+

预期增长率）]/（贴现率 – 预期增长率）

需要注意的是，这里的预期增长率不是现金流增长率，而是企业的长期增长率。然后根据现金流贴现的计算公式计算这个永久价值贴现到第 10 年的结果 Y。将 X 和 Y 相加，得出企业总的现值。

在对企业进行现金流贴现估值时，还需要考虑溢价和折价等关键因素。溢价源于控制权，而控制权能够产生价值。在企业管理较差的情况下，投资者可以使用手中的控制权更换企业管理人员，提升财务表现。这就是控制权溢价。

第 **3** 章

企业市值的风险管理
与控制

影响企业市值的风险无处不在，企业管理者需要对内部风险和外部风险都引起重视。本章将从这两个方面详解风险的来源以及企业如何应对。

3.1 内部环境：管理失当引发风险

企业内部管理失当也会引起市值的变化。这种风险潜藏在日常的经营管理活动中，短期内不会对企业有较大的影响，但如果放任不管，会成为企业的顽疾，影响企业的持续发展，降低企业市值。

3.1.1 风险的来源

企业内部存在的风险有以下 4 种。

1. 战略风险

战略风险指的是未来的不确定性对企业实现战略目标的影响。从风险产生的原因来看，战略风险产生于外部环境和战略管理行为。外部环境的变化可能会让企业战略失去指导价值。而战略管理行为的失当，可能会导致企业制定的战略不适合企业发展现状。

从风险导致的结果来看，战略风险可能会引发整体性损失和战略目标无法实现两种后果。整体性损失指的是战略风险导致整体业务表现下滑，使得企业的发展陷入瓶颈；战略目标无法实现指的是企业未能实现最初制定的战略目标，导致战略目标不能发挥应有价值。

2. 操作风险

操作风险指的是由人员、相关技术等影响运作的因素而导致亏损的风险。

操作风险包括以下内容：

（1）员工风险：企业员工的雇用、培训和解雇涉及的风险；

（2）技术风险：企业所需的相关技术不配套、不成熟，创新能力弱；

（3）舞弊风险：企业内部数据造假或其他伪造业绩、弄虚作假的行为；

（4）外部依赖风险：企业过分依赖基础设施、核心技术、物流、能源等供应商；

（5）过程风险：企业在实现目标的过程中，交接等工作中出现风险，导致目标未完成；

（6）外包风险：外包业主、客户、外包组织等因为个人利益以及其他不确定因素，导致外包结果与企业期望背离，给企业带来的损失。

3. 运营风险

运营风险指的是企业在运营过程中，由于外部环境的变动以及自身对环境变化判断的失误，导致运营失败或运营结果未达到预期目标。

根据国务院国有资产监督管理委员会印发的《中央企业全面风险管理指引》第十五条规定："在运营风险方面，企业应至少收集与该企业、本行业相关的以下信息：

（一）产品结构、新产品研发；

（二）新市场开发，市场营销策略，包括产品或服务定价与销售渠道，市场营销环境状况等；

（三）企业组织效能、管理现状、企业文化，高、中层管理人员和重要业务流程中专业人员的知识结构、专业经验；

（四）期货等衍生产品业务中曾发生或易发生失误的流程和环节；

（五）质量、安全、环保、信息安全等管理中曾发生或易发生失误的业务流程或环节；

（六）因企业内、外部人员的道德风险致使企业遭受损失或业务控制系统失灵；

（七）给企业造成损失的自然灾害以及除上述有关情形之外的其他纯粹风险；

（八）对现有业务流程和信息系统操作运行情况的监管、运行评价及持续改进能力；

（九）企业风险管理的现状和能力。"

4. 财务风险

财务风险指的是企业财务结构不合理、融资不当导致企业丧失偿债能力，进而让投资者预期收益下降甚至使企业陷入财务困境或破产的风险。

在进行市值管理的过程中，企业内部风险不容忽视。管理得当的企业，工作效率更高，发展更稳定，因此会被更多投资者看好，从而获得更高的估值。

3.1.2 企业如何应对风险

企业可以从以下四个方面应对内部风险，如图 3-1 所示。

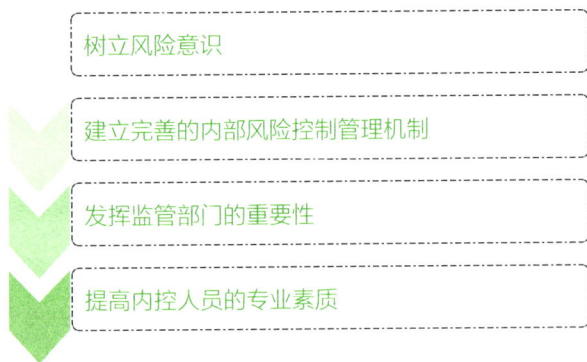

树立风险意识

建立完善的内部风险控制管理机制

发挥监管部门的重要性

提高内控人员的专业素质

图 3-1 企业如何应对内部风险

1. 树立风险意识

随着企业间的竞争愈发激烈，企业的发展面临更大的挑战。企业只有充分强化内部风险管理能力，对运营过程中可能遇到的各种风险进行分析，才能够有效地防范风险，确保企业平稳运营。

首先，企业管理者必须充分认识企业内部风险控制的重要性和内涵，并引导每个员工都树立风险意识。其次，企业管理者需要认识到内部风险控制和财务部门的重要联系，设置单独的内部风险控制部门，避免内部风险控制和财务管理混为一谈。最后，企业每个部门之间应该有充分的交流和互动，信息互通，资源共享，强化员工的风险意识，集思广益解决运营中存在的问题。

2. 建立完善内部风险控制管理机制

制度是保证政策落实的基础。内部风险控制是一个系统且长久的工作，企业需要制定有针对性且全面化的管理机制，确保员工有据可依，每项工作能按照规范的流程运行。

首先，企业需要依照相关法律法规，针对企业当前情况，设计出完善的风险防范体系，系统地分析市场发展的动态。其次，在防范风险的过程中，企业要让员工之间互相监督，形成良好的内部工作氛围，同时保证执行能力，及时开展工作，并结合企业的新情况，及时对不合理的内容进行调整。最后，企业可以通过交流会等方式，让每个员工充分表达自己的意见，还可以借助官网、微信公众号、邮箱等多渠道收集相关意见。然后根据这些意见，优化风险防范体系。

3. 发挥监管部门的重要性

企业内部的监管部门主要对企业运行过程中的各项制度和工作内容进行监督管理，但由于有些企业的内部制度不完善，使得监管部门难以充分发挥作用。因此，企业就要赋予监管部门更大的权威性和独立性。同时，监管部门也要树立大局意识，秉持公正和公平的态度，进行内控监管。并结合对企业风险的预判，建立预警机制，科学防范风险，让企业获得更大的利益。此外，企业还要提高风险评估能力，预测在运营中可能存在的风险、隐患，树立长远战略目标，保证企业风险防范的有效性。

4. 提高内控人员的专业素质

人才是促进企业持续发展的动力，如今的企业竞争也是人才和创新能力的竞争。因此，企业一定要重视提高内控人员的专业素质，引进思维活跃、专业背景深厚、具有创新能力的内控管理人才，为企业注入新的活力。

首先，企业要加强对内控人员的培训力度，定期举办内控管理专业知识的学习交流会。同时也要树立终身学习的理念，呼吁内控人员借助互联网丰富自己的视野，提升内控管理能力。其次，企业在引进内控人才时，应该倾向于复合型人才，不仅要考察应聘人员的专业知识，还要考察其职业素养，尤其是对风险防控意识的考察。最后，企业要完善相应的奖惩制度，并借助绩效考核的方式，将内控人员的薪资与风险控制成果相结合，调动内控人员的积极性，避免人才的流失。

每家企业都要高度重视内部风险防范，这样有助于提升企业的运行效率，增强企业竞争力。首先，企业要树立风险意识，全面分析内部控制管理过程中存在的问题。其次，企业要结合目前的运营情况，建立适宜的内部风险控制机制。再次，企业要对监管部门足够重视，以充分发挥监管部门的作用。最后，企业要提升内控人员的职业素养，全面评估风险，构建有针对性的风险预警体系，全面提升风险防范能力。

3.2　外部冲击：环境变化引发风险

企业的市值变化同样受诸多外部因素的影响。本节将从宏观经济政策变化、行业前景变化以及上市地点变化三个角度来分析外部风险对企业市值的影响。

3.2.1　宏观经济政策变化

宏观经济政策的变化、市场的周期性波动和全球范围内的经济因素的变化，都可能导致投资者的收益发生变化。

2021 年 12 月，中央经济工作会议明确提出全面实行股票发行注册制。自 2012 年股票发行制度改革以来，资本市场一直在为全面推行注册制做准备。在各方的努力下，2023 年 2 月，证监会表示已经通过决议，我国正式全面实施注册制。

2018 年科创板设立注册制，标志着我国股票发行制度从核准制走向注册制；2019 年，科创板在上海证券交易所开市，注册制试点正式成立；2020 年，深圳证券交易所创业板设立注册制试点。

2021 年 3 月出台的相关文件提出全面实施注册制，提高上市公司质量；4 月，深圳证券交易所主板与中小板合并；11 月，北京证券交易所开市，设立注册制试点，建立了注册审核流程；2023 年 2 月，证监会发布公告，注册制正式在我国全面实施，证券交易所、全国股转公司、中国结算、中证金融、证券业协会配套制度规则同步发布并实施。

在注册制已经全面实施的大背景下，A 股（人民币普通股票）IPO（首次公开募股）的数量和金额都取得了非常不错的成绩。根据普华永道数据，预计 2023 年，在 A 股发行的新股数量将达到 280~330 只，募集资金约 5880 亿元。

在注册制还没有全面实施前，我国的股票发行制度是核准制。核准制审批时间长，上市成本巨大，间接导致了市场对"壳资源"（经营亏损、面临退市风险的上市公司）的炒作。这意味着，如今，随着注册制的全面实施，市值小的公司将会遭受巨大的损失，特别是那些只有"壳"的公司，随时都有退市的风险。

3.2.2 行业前景变化

上市企业所属的行业对其市值的影响非常大。例如，在 20 世纪，铁路股票炙手可热。但在今天，随着各类交通方式愈加发达，人们不再经常乘坐火车，铁路股票也因此不再受投资者追捧。相反，部分高新技术企业，如计算机、移动通信等行业的股票，在 20 世纪不被看好，但现在广受投资者欢迎。

这说明行业所处的生命周期的位置决定着行业内企业的生存和发展。汽车诞生以前，马车制造业辉煌无比，然而如今，汽车行业已进入稳定期了。可见，如果某个行业已处于衰退期，那么无论这个行业中的企业有着多么雄厚的资产，都不能摆脱暗淡的前景。就像现在不会再有人去投资马车制造业一样，投资者不会把钱投资到那些即将被淘汰的"夕阳"行业。因此，这些行业中的企业市值也会低于其他"朝阳"行业中的企业的市值。

2021 年 1 月 25 日，腾讯（腾讯控股）开盘后股价持续攀升，月内累计涨幅超过 30%。腾讯总市值达 59 100 亿元。这个市值超过了六大国有银行（中国工商银行、中国建设银行、中国农业银行、中国银行、中国邮政储蓄银行、交通银行）的总市值

56 900 亿元。

这说明投资者非常看好腾讯这类互联网企业的成长性。这也是不同行业对投资、对企业发展带来的差异性影响。

行业会对估值产生较大的影响。对于腾讯这种高成长性的互联网企业，资本市场给出的估值较高。而银行属于银行股，市盈率普遍较低，股息率基本在 8% 以下。仅靠股息和市盈率难以满足投资者的赢利需求，因此银行股的吸引力较低。

银行属于传统行业，估值方式多以净资产和赢利能力为主，而互联网这种新兴企业的估值方式多以市场份额和用户数量为主。以个人客户数量最多的中国工商银行为例，截至 2021 年年末，中国工商银行的个人客户为 7.04 亿人，而腾讯的客户数量超过了 18 亿人。在这方面，中国工商银行并没有优势。而截至 2022 年 8 月 18 日，中国工商银行的市盈率为 4.26（港股），而腾讯的市盈率为 13.9（港股）。可见，在广大投资者看来，中国工商银行的投资价值远低于腾讯。

这就是行业对市值、估值的影响。那么，如何判断企业所处行业的前景？投资者可以从下面三个方面入手。

（1）从商品形态分析企业产品是生产资源还是消费资源。一般情况下，较消费资源而言，生产资源受行业变动的影响较大。当经济形势好转时，生产资源的增长速度比消费资源的增长速度要快；当经济下滑时，生产资源的萎缩速度也较消费资源要快。

（2）从需求形态分析企业产品的销售对象及销售范围。明确企业的产品是以内销为主，还是以外销为主。内销易受经济政策等因素的影响，外销则易受国际经济政策、贸易环境等因素的影响。

（3）从生产形态上对企业进行分析企业有劳动密集型、资本密集型、知识密集型还是技术密集型等形态生产。随着技术的发展，劳动密集型企业已经逐步被知识密集型、技术密集型企业取代，这也是各行业都在开展数字化转型的原因。

3.2.3　上市地点不同

企业上市涉及上市地的选择问题，而上市地的选择涉及法律、上市成本、影响力以及投资者偏好等因素。上市地会影响企业的市值，因此企业需要进行综合考虑。

不同地区的市场，呈现出不同的特性和偏好，同时也会反映投资者的特点。例如，A 股市场的估值一直都处在比较靠前的位置，而美国市场落后于 A 股市场。下面以苏宁易购（苏宁易购集团股份有限公司）和阿里巴巴（阿里巴巴集团控制有限公司）为例，具体讲述上市地对企业以及企业市值的影响。

苏宁易购选择在 A 股市场上市。

2004 年 7 月 21 日，苏宁易购在深圳证券交易所上市。苏宁易购在中小板发行 2500 万股 A 股股票，融资额为 4 亿元左右，股票发行价为 16.33 元，首日收盘价为 32.66 元，涨幅为 100%。

苏宁易购上市后，企业通过健全治理结构、规范运作以及合理使用募集资金等方式，实现了快速发展，并且获得了投资者的广泛认同，股票价格屡创新高，仅用3年时间就获得了超过50倍的增长。

上市不仅使苏宁易购募得资金，还为其带来了至少要投入上亿元的广告费才能达到的宣传效果。苏宁易购上市后，证券市场严格的监管机制、更透明的管理要求等都为其此后的稳步、健康发展提供了制度保障。

苏宁易购选择在A股市场上市，主要有以下几个原因。首先，境内发行风险低。境内外市场的供求关系有很大不同，在境内发行股票能够调动境内投资者认购的积极性。若在境外发行股票，可能会因为投资者缺乏认知而导致发行失败。其次，境内投资者对企业的运作和产品更加了解，企业股票的价值可以得到真实的反映。再次，境内投资者对企业的认知可以提高股票的流动性，境内上市的股票平均日换手率高于境外上市的股票。最后，境内市场中小企业发行市盈率多为20~30倍，发行价格约为境外市场的2倍，而且因为流动性强，上市企业再融资也更容易。

阿里巴巴选择了在美股市场上市。

2014年9月，阿里巴巴在美国上市，股票代码为"BABA"。阿里巴巴上市首日的收盘价为93.89美元，上涨38.07%。按收盘价计算，阿里巴巴的市值超过2300亿美元，并且阿里巴巴的市值还在不断提升。阿里巴巴选择在美股市场上市，也是出于多方面考虑。

1. 融资成本低，快速提高企业竞争力

境内证券市场发行新股数量不断增加，市场规模也在不断扩大。然而，如果新股发行过多，会导致大量新股积压在二级市场，形成供过于求的现象，让新股难以连续大涨。而企业在境外上市就能快速扩大生产规模，提升品牌的国际知名度。此外，境外上市周期短、手续较为简便，客观上降低了阿里巴巴的融资成本。

2. 完善企业治理结构、企业制度

阿里巴巴在美股上市后，外资股股东会依照企业规定来保护他们的权利，要求企业切实履行义务，及时准确地进行信息披露。这有利于提高企业经营管理效率。

3. 增强自身在国际市场的竞争力

阿里巴巴在美国上市后，可以更好地进入国际市场，全面提高自身实力，增强国际竞争力。

4. 提升企业在国际资本市场上的形象

阿里巴巴在美国上市，为境外企业了解境内企业提供了契

机，也为自身开拓国外资本市场打下了良好的基础。在美国上市后，阿里巴巴提高了自己的海外声誉，这有利于其开拓国际市场以及在对外贸易中获得信贷服务的优惠，为阿里巴巴的全面发展创造有利条件。

5. 过程简单，能够在较短时间内完成融资

企业到境外上市，程序较为简便，准备周期短，符合条件的拟上市企业在一年时间内就能实现挂牌交易。这有利于企业把握国际证券市场机遇，在较短时间内为企业募得发展资金。

根据以上两个企业上市后的情况，我们可以清楚地看到，上市地对企业市值的影响。企业在美国、新加坡等地上市肯定要比在境内上市的市盈率低，这也是为什么很多企业在近几年又回归了 A 股。

即使在同一个国家，不同的板块之间的市盈率差别也很大，例如，主板、创业板、新三板等板块的市盈率大不相同。因此，准备登陆资本市场的企业最好先选择境内市场，至于具体板块的选择，也要结合企业自身所处的阶段和特点来确定。

第 4 章

融资规划：好的开始是
成功的一半

融资规划是企业为了顺利完成融资工作所进行的战略设计，它不仅直接影响企业的融资能力，还影响企业的融资成本。一个科学、合理的融资规划可以帮助企业更好、更快地实现融资目标，提高企业的经济效益。现在越来越多的企业已经将融资规划作为一项核心工作。

4.1　融资前的准备工作

我们都听说过这样一句话："机会是留给有准备的人。"这句话在融资过程中同样适用。创业者只有足够了解融资，积极为融资做准备，才能找到最合适的投资者，获得自己所需的资金和其他资源，从而顺利提升企业的市值。

4.1.1　根据发展阶段确定融资方案

在融资前，创业者首先要做的就是判断企业的发展阶段。任何一家企业都将经历以下四个发展阶段，如图 4-1 所示。不同的发展阶段往往对应着不同的融资方案。

种子期　　创业期　　成长期　　成熟期

图 4-1　企业的发展阶段

1. 种子期

如果项目还只是一个创意，产品也仍在研发过程中或者处于实验室初级阶段，那么这家企业正处于种子期。种子期的企业所需要的投资被称为"种子资金"，此时的投资规模比较小，但是风险最高。种子资金的来源主要有两个：一个是天使投资者，另一个是创投基金。种子资金一般在10万~100万元，也有一些优质项目可以拿到上千万元的种子资金。

2. 创业期

如果产品已经研发完毕而且进入试销阶段，那么企业就已经进入创业期。在创业期，企业需要大量的资金，用以购买生产设备、后续研发以及宣传推广。创业期的投资一般称为"创业资金"，投资者所承担的风险因为创业期时间的长短不同而有所不同。

从种子期到创业期是很多企业很难踏出的一步，这一步考验的是企业的产品、商业模式、赢利模式和团队等方面是否有竞争优势。在创业期，任何一个方面出现问题，项目就很可能宣告失败，也就无法获得融资。

3. 成长期

成长期是指产品经过市场验证后，开始扩大生产、开拓市场的阶段。企业的规模会在成长期快速增长，市场占有率也会不断提升。成长期是引入投资的主要阶段，此时企业的资金需求量非常大，市场风险和管理风险也有所增加。成长期的资金主要分为运营资金和扩张资金，企业往往会通过原投资者增资和新投资者进入来获得这两类资金。

4. 成熟期

企业进入正式生产阶段意味着成熟期的到来。成熟期是企业上市前的最后一个发展阶段，也是投资者的退出阶段和私募基金的进入阶段。在成熟期，企业的现金流达到一定规模，技术也渐趋成熟，市场比之前更稳定，融资能力更强。

首先判断企业发展到哪个阶段，这有利于客观地看待企业的融资能力，然后结合其他因素确定融资金额，为融资计划的形成奠定良好、坚实的基础。例如，Oculus[①]联合创始人帕尔默·洛基（Palmer Luckey）就十分重视融资方案与发展阶段的匹配性。

Oculus 成立之初，帕尔默·洛基一个人负责所有工作。他在 Kickstarter 众筹平台上发布 VR（虚拟现实）项目，该项目的核心产品是一款专门用来玩 VR 游戏的外部设备。Oculus 改变了玩家对游戏的认识，获得了近万名用户的支持。经过 1 个月的融资，Oculus 获得超出预定融资目标 25 万美元 10 倍的资金。

此轮融资是 Oculus 的天使轮融资，使得 Oculus 的产品有了

---

① Oculus，2012 年成立的虚拟电影工作室。——编者注

初步形态，可以展示给投资者。此时 Oculus 也有了初步的商业模式，但可行性有待验证。

随后，Oculus 又获得 A 轮融资 1600 万美元，投资者包括美国经纬创投和星火资本等。此时的 Oculus 产品成熟，且有完整、详细的商业及赢利模式。

在 A 轮融资的助力下，Oculus 成功推出首批 VR 产品——Oculus Rift VR 头盔，其价格为：最低价的限量版 275 美元，普通版 300 美元。该 VR 头盔在 E3 大展上获得了"年度最佳游戏硬件"的提名。

与此同时，Oculus 和多家企业展开合作，共同研究支持 VR 头盔的游戏、演示版游戏，在软、硬件方面都交出了高于公众预期的成绩单。

在 B 轮融资中，Oculus 获得了高达 7500 万美元的资金，领投方为 A16Z[①]。此轮融资之后，A16Z 的创始人马克·安德森（Mark Andreessen）加入 Oculus 的董事会，而且 Oculus 还接受了 Facebook（脸书，现已更名为元宇宙）以 20 亿美元的交易额对其进行收购。

20 亿美元包括 4 亿美元现金以及 2310 万股 Facebook 股票（按照当时的平均收盘价 69.35 美元计算，这些股票价值 16 亿美元）。Facebook 和 Oculus 都表示，此次收购不会影响 Oculus 原

---

① 是指 Andressen Horowitz，是一家风险投资公司，成立于 2009 年。

来的发展计划，唯一不同的是，Oculus 获得了更多的资金支持。Oculus 被高价收购也意味着其 VR 项目是成功的。

对于一些商业模式比较成熟的企业来说，其最终目标是上市。这些公司也会继续进行 C 轮、D 轮以及 E 轮等后续轮次融资，从而不断拓展新业务，补全商业闭环。

4.1.2　如何写出一份完美的商业计划书

有些企业在融资时经常遇到这样的问题：项目很有发展前景，却没能顺利融资。这是为什么呢？其实一个很重要的原因是商业计划书不够有吸引力。在绝大多数情况下，商业计划书作为一项重要文件，其内容对创业者、投资方都非常关键。

很多人认为，商业计划书是给投资者看的。但其实商业计划书的第一读者应该是创业者自己。一份 PPT 形式的商业计划书通常不会超过 20 页，再除去图片和排版所占用的空间，文字叙述其实少之又少。

用如此短的篇幅，要让投资者在几分钟内系统而具体地了解一个项目，是极具挑战性的。当创业者对企业和项目所处行业，选择的商业模式等内容如庖丁解牛般了解透彻时，撰写一份优秀的商业计划书就是水到渠成的事。Airbnb（爱彼迎）曾凭借优秀的商业计划书，成功获得了 50 万美元的天使轮融资，直到成长为如今市值高达上百亿美元的知名企业。

接下来，我们就来详细了解一下这家知名企业的商业计划书到底有何过人之处。

第 1 张 PPT：直接阐述 Logo 设计，拒绝花哨的美化修饰，如图 4-2 所示。

图 4-2　Airbnb 的 Logo 设计

第 2 张 PPT：阐述当前房屋租赁市场待解决的痛点。

第 3 张 PPT：直面问题，提出 Airbnb 的独特解决办法，通过科学的运营方案保障用户安全，对房东实施名单和背景核查，并为用户入驻做好准备。

第 4 张 PPT：给出相关网站数据，说明项目是可行的，从市场角度说明用户规模。

第 5 张 PPT：描述当前的市场规模，例如，全球旅行订房市场规模为 20 亿美元，在线订房市场规模为 5.6 亿美元等。

第 6 张 PPT：介绍已经上线的产品，从订房流程入手进行说明。

第 7 张 PPT：以数据化的方式展示 Airbnb 的赢利模式。

第 8 张 PPT：展示 Airbnb 的推广方案，例如，在德国啤酒节、德国汉诺威博览会、欧洲杯期间举办活动，以及在 Craigslist[①] 同步发布房源信息推广。

第 9 张 PPT：介绍 Airbnb 的竞争对手，并从价格优势、线上交易优势等方面对当时的竞争情况进行分析。

第 10 张 PPT：展示 Airbnb 的秘密武器，换言之，就是展示其相比于其他竞争者的优势，主要从房屋位置、房东积极参与、每间房屋房东只发布一次、操作方便、3 次点击即可查看房屋情况、品牌设计、优惠活动等方面进行详细说明。

第 11 张 PPT：介绍核心成员，以及他们分别负责的工作。

第 12 张 PPT：展示 Airbnb 已经取得的成绩，向投资者证明其发展潜力。

第 13 张 PPT：以用户评价打动投资者。Airbnb 选取了一些正向的用户反馈，将其直观地呈现在商业计划书上，这样更容易打动投资者。

第 14 张 PPT：以图表的形式展现 Airbnb 的融资条件与愿景。

Airbnb 的商业计划书足够简洁，其实好的商业计划书就应该如此。企业在制作自己的商业计划书时，可以借鉴上述商业计划书的优点，再根据自身实际情况和投资者偏好信息，对自己的商业计划书进行完善和优化。

---

① 美国的一家网上大型免费分类广告。——编者注

商业计划书甚至可以决定一个项目的成败，它是投资者在判断项目可行性以及做出投资决策的重要依据。因此，在投资过程中，创业者和投资者对商业计划书都十分重视。

4.2 拆解模型：商业计划书四要素

现在市场上需要融资的项目越来越多，投资者对商业计划书的要求也更高。但有的创业者不知道商业计划书的核心内容有哪些，本节就从商业计划书的核心内容入手，向大家介绍撰写商业计划书的方法和技巧。

4.2.1 产品介绍：以用户为核心

在商业计划书中，产品介绍无疑是一个重要部分，这个部分也是投资者做出投资决策的立足点。通常他们会在对产品有比较全面的了解后才会考虑投资事宜。要想让投资者详细了解产品，企业就必须在商业计划书中回答以下几个问题。

1. 目标用户是谁

目标用户就是产品是给谁用的，对应的是目标市场。初创企业尤其需要重视目标用户，因为这些用户的需求往往更强烈，会主动寻找解决方案。企业如果把握住这些用户，就相当于已经走好了第一步，为融资奠定了坚实基础。因为这些用户会通过关系链对产品进行口碑传播，帮助企业占领目标市场。

为用户服务是大多数企业的宗旨，投资者也非常看重项目是否和目标市场的需求相契合。如果商业计划书体现出了以用户需求为导向进行项目设计这一理念，投资者就会提升对项目的好感，融资也会更顺利。

2. 目标用户的痛点是什么

简单来说，痛点就是用户在正常的生活中遭遇的麻烦、纠结和抱怨。如果这些痛点不能被消除，用户很可能会陷入一种负面情绪中，进而产生痛苦的感觉。因此，用户需要一种解决方案来消除痛点，使自己的生活状态恢复正常。通常来说，用户选择一款产品是因为其能够解决自己面临的问题，所以商业计划书中要体现出来这方面内容。

3. 产品如何解决目标用户的问题

产品就是"发动机"，只有让投资者充分认识产品，才有可能引起他们的兴趣和关注。如果产品好，用户数量惊人，投资者的投资意愿和投资主动性就会更高。

在商业计划书中，可以通过回答以下几个问题对产品进行详细介绍：如何解决目标用户的问题，解决方案是什么？选择这种解决方案的理由是什么？特点是什么？拥有哪些资源？成本如何？用户数量与用户转化率如何？有无壁垒等？

亚马逊早期的产品介绍就非常有代表性：针对那些热爱阅读的互联网用户提供便捷、低廉和多样化的产品。与传统书籍零售商不同，亚马逊是一家在线书籍零售商，能够以最快的速度为用户提供上百万册图书。

4. 产品有什么竞争优势

与市场中的竞品进行对比，表明自己的产品有哪些优势或者差异化价值。产品的优势越多，投资者对产品及企业的评分就越高。将产品最明显的优势放在首位介绍，然后介绍其他内容。这样不仅可以向投资者展示更多、更重要的亮点，还有利于体现企业的强大竞争力，促使投资者做出正向的投资决策。

4.2.2　赢利模式解析：展示投资价值

关于赢利模式，投融资界流行这样一句话：方向比努力更重要。换言之，如果赢利模式的方向错了，那么企业越努力，反而离目标越远。

对于企业来说，赢利模式是关乎发展方向的问题，代表了赚取利润的方式。良好的赢利模式不仅可以指导企业走上正确的道路，还会为企业带来巨额收益，还能在创投双方之间编织一张稳定、共赢的关系网。

不论企业的赢利模式是什么，本质都是"利润＝收入－成本"，创业者要用简洁的语言、清晰的逻辑将其展现在商业计划书上。投资者不是普通用户，他们深谙市场规则，往往不需要常识性解释，只希望直接看到创新点。

创业者可以从以下几个方面体现赢利模式的创新点，如图 4-3 所示。

1　明确标出独特之处

2　突出赢利核心

3　自觉对比赢利模式

突出赢利模型的聚焦感

图 4-3　如何直接、清楚地表达创新点

1. 明确标出独特之处

投资者希望看到赢利模式的独特之处，如综合利润率高、回款周期短等。这些独特之处不仅可以向投资者提供额外价值，还有助于企业获得更多用户。沃尔玛就是以"低价格 + 多品种"为主要赢利模式，因为这种赢利模式在世界范围内拥有较强的竞争力，所以沃尔玛才能够不断地发展、壮大，获得大众认可和信赖。

2. 突出赢利核心

企业都会有自己独特的赢利模式，通过向投资者展示赢利模式，企业能够更容易获得投资。此外，为了使赢利模式更清晰，商业计划书中必须突出赢利核心。这里所说的赢利核心包括很多方面，如过硬的科技创新能力，产品的不可替代性，低成本、高质量的产品，对用户的真诚服务等。梳理好赢利核心可以让企业的赢利模式更清晰，也更容易获得投资者的青睐。

3. 自觉对比赢利模式

企业如果能够总结实践经验，将自己的赢利模式和其他企业的赢利模式做对比，那么就可以让投资者对企业的赢利模式有更深层次的了解，从而提高融资的成功率。

4. 突出赢利模型的聚焦感

很多企业在设计赢利模式时都喜欢将简单的事情复杂化，似乎这样就可以形成竞争壁垒。而一旦落到实践中，这些企业就会发现增加新业务非常容易，但要想将纷繁复杂的业务进行删减却十分困难。企业要将资源聚焦到核心业务上，这样才能让自己立于不败之地。

知道在某个阶段可以不做什么，企业才能将时间与精力聚焦在更重要的事情上。如果企业能够化繁为简，战略性地放弃不必要的业务，就能实现更高效、有序的运作。例如，德国超市奥乐齐（ALDI）就放弃了大多数品类，专注于经营食品及日常生活用品，且只经营少量而固定的品牌。这种经营模式帮助奥乐齐与很多优质、信誉良好的供应商建立起互信的合作关系，极大地降低了进货成本。

这种想尽办法节省成本，为用户提供低价产品的经营理念与零售行业高质低价的本质相契合。现在奥乐齐已经从一家小小的食品店发展成为世界驰名的连锁超市，在全球范围内拥有 1 万余家分店，每年的销售额都超过 700 亿美元。

投资者在投资时会关注赢利模式是否足够聚焦，以及企业能否将有限的资源集中用于攻克最重要的问题。与此同时，投资者也会综合考虑企业内部的利益矛盾及外部环境的变化趋势，分析现有赢利模式是否能带领企业走向更加辉煌的未来。

总之，投资者如果能够在企业的赢利模式上看到赢利可能，那么就会毫不吝啬地投资，因为这表明了其未来能够获得的回报将非常可观。

4.2.3 竞争分析：为投资者树立信心

企业向投资者介绍竞争分析的相关内容可以体现企业对市场的深刻认识，也可以体现创业者具备正确辨别直接或者潜在竞争对手的能力。投资者也会根据自己掌握的信息对这些内容进行判断，以便降低投资的不确定性。

竞争分析主要包括以下 3 个方面的内容，如图 4-4 所示。

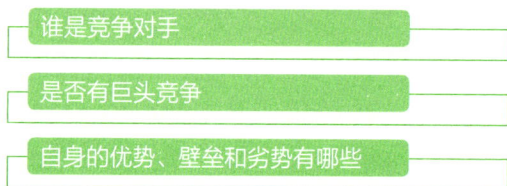

> 谁是竞争对手
>
> 是否有巨头竞争
>
> 自身的优势、壁垒和劣势有哪些

图 4-4　竞争分析的内容

1. 谁是竞争对手

在进行竞争分析之前，企业先要找到一个合适的竞争对手。

第一步是选择竞争领域。企业要先对市场进行深入了解，确定企业所处的细分领域。与此同时，竞争对手也就锁定在这个细分领域中。

第二步是选择竞争目标。企业对未来发展的预期决定了其奋斗方向。阻碍企业进步且与企业有相同目标的企业就是比较合适的竞争对手。

2. 是否有巨头竞争

投资者普遍不喜欢现在或者未来很可能面临激烈竞争的企业。如果企业和市场中的很多企业开展同样的业务，而且对手的业务更成熟，那么企业就很难获得投资。或者行业内已经有几家地位难以撼动的巨头了，企业的产品与技术又没有足够的创新力，几乎找不到脱颖而出的机会，那么投资者也很难产生强烈的投资欲望。

从业务层面上看，很多企业都会尽量避免与巨头的业务有重合。但实际上，如果企业的业务与巨头的上下游业务相关，那么企业也可能与巨头成为竞争对手。以电商为例，仅突出品类上的差异远远不够，因为巨头有充足的资金调整团队结构、业务方向以及产品质量。企业必须在更多方面有竞争力，才可以顺利获得融资。

3. 自身的优势、壁垒和劣势有哪些

对自己和竞争对手的优势、壁垒和劣势进行分析可以让企业在竞争中处于主动地位，还能因此给投资者留下思虑全面的印象，有助于企业成功拿到投资。在具体操作时，企业可以采用 SWOT 分析法（又称强弱危机分析法、优劣分析法等），对企业面临的优势、壁垒和劣势进行分析。

企业之间的竞争通常是在产品和服务层面展开，但大多数投资者似乎更关注产品层面。因此，创业者在进行竞争分析时，应该从产品的定位、市场、成本、价格、广告投入、发展趋势等方面入手。此外，优势、壁垒和劣势分析还可以在经营层面展开，例如，企业可以通过营销战略、推广渠道、关键财务数据、人力资源政策等的对比体现企业的竞争优势。

4.2.4 介绍团队，体现人才优势

团队在企业的发展中发挥着至关重要的作用，优秀的团队会高效、高质地完成工作。投资者在评估项目的时候，团队也是一个非常关键的指标。企业可以从创始人、核心成员、组织结构三个方面入手对团队进行介绍。

在创始人方面，创始人的个人履历光鲜亮丽，例如，有高学历、知名院校毕业、海外留学背景、名企从业经验、成功创业经验、成功管理经验等标签，就更容易给投资者留下好印象。此外，以下几个要素也是投资者在考量创始人时会重点关注的。

（1）年龄适中（30~45岁最优），年轻力壮是加分项。

（2）有较强的个人魅力，包括言行举止绅士、有内涵（适当霸气一些最好），气场足，讲话逻辑性强、条理清晰，可以轻松应对演讲、论坛、媒体采访等活动。

（3）对行业有深入的认知和了解，知道行业存在什么问题，有哪些不足之处，也了解其他竞争对手的情况。更重要的是，创始人要知道自己在做什么，清楚自己未来要做成什么，并在创业过程中保持一定的自信心和危机意识。

（4）有一定的研发能力和创新能力，同时又有较强的管理能力和资源整合能力。相对来说，创始人的管理能力和资源整合能力是投资者更看重的。

在核心成员方面，如果创始人的能力很强，但核心成员的能力偏弱，导致团队形成不了互补效果，也很难吸引投资者。因此，在介绍团队时，也要重点介绍核心成员，将其经历和擅长领域充分地展示出来。

大多数投资者都希望团队中的核心成员有优秀的个人背景和丰富的产品研发经验。如果企业还为团队配备了市场拓展人员，那就再好不过了。

另外，企业的组织结构图也要展示在商业计划书中，以便投资者对企业的团队有更清楚的认识。大家可以参考以下的组织结构模板（图4-5），并根据企业的实际情况完善自己的组织结构。

```
┌──────────┐  ┌──────────────────┐
│ 有限责任 │  │  首席执行官（CEO） │
│ 合伙人   │  └──────────────────┘
└──────────┘
┌──────────┐  ┌──────────┐  ┌──────────┐  ┌──────────┐
│ 首席技术官│  │ 首席财务官│  │ 首席运营官│  │ 首席市场官│
│ （CTO） │  │ （CFO） │  │ （COO） │  │ （CMO） │
└──────────┘  └──────────┘  └──────────┘  └──────────┘
┌──────────┐  ┌──────────┐  ┌──────────┐  ┌──────────┐  ┌──────────┐
│ 研发总监 │  │  会计    │  │ 运营团队 │  │ 商务经理 │  │ 销售经理 │
└──────────┘  └──────────┘  └──────────┘  └──────────┘  └──────────┘
┌──────────┐
│ 研发团队 │
└──────────┘
```

图 4-5　组织结构模板图

在融资过程中，投资者往往非常关注创始人、核心成员、组织结构等情况。如果整个团队，尤其是创始人非常优秀，那么即使技术与产品等优势不是非常突出，企业获得投资的概率也会比较高。

4.3　三大关键点：看懂数据背后的秘密

商业计划书离不开数据，投资者需要借助数据进行投资决策。在融资时，投资者比较关注与自身回报相关的数据，如运营数据、赢利数据等。另外，融资规划也是投资者比较关注的部分，企业需要对此类内容予以重视。

4.3.1　适当披露运营数据

运营数据可以将企业的运营现状和未来发展动向完整、真实地呈现出来。企业在融资时要向投资者展示运营数据，如注册用户数量、活跃用户数量、网站人均浏览次数、官微粉丝数、抖音粉丝数、平均客单价等。对于投资者来说，运营数据是很有说服力的数据，也是产品在市场中受欢迎程度的最直观体现。

任何人都无法预测未来，投资者能够做的就是拿到第一手运营数据，为自己的投资决策提供可靠依据。如果企业意识到自己的项目有很大不确定性，那就更应该发挥运营数据的作用。数据不仅可以帮助企业做出更好的发展规划，还能让投资者更放心地为企业投资。

将运营数据呈现在投资者面前通常需要经过 4 个步骤，如

图 4-6 所示。

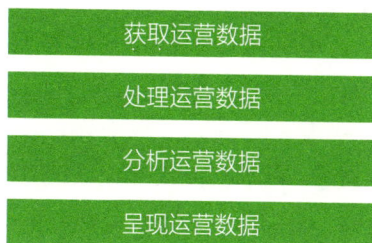

图 4-6　呈现运营数据的步骤

1. 获取运营数据

企业要把与运营工作相关的所有数据罗列出来，根据投资者的偏好从中选出比较有优势的运营数据。确定好要展示给投资者的运营数据后，企业就可以采集自己需要的运营数据。这一环节需要具备结构化思维以及对问题的理解能力。

2. 处理运营数据

处理运营数据是一个需要花费大量时间的过程。相关人员要善于使用先进的数据处理工具，如 Excel、UltraEdit、Access、Oracle、R- 开源软件等。

3. 分析运营数据

分析运营数据离不开各类数据模型，包括预测模型、帕累托分析模型、波士顿矩阵模型等。大家也可以通过阅读入门级数据，分析类书籍掌握数据分析方法。

4. 呈现运营数据

向投资者呈现运营数据的方式有表格、图片等，企业可以根据自身需求进行选择。通常表格是比较好的选择，因为可以让投资者更迅速、清晰地了解各项运营数据及其相互关系。

在大数据时代，"数据会说话"。在融资前，企业可以把运营数据整合起来，让这些数据帮助企业更好地说服投资者。

有的企业可能会因为运营数据表现不好而不愿意将其展示给投资者。其实展示几个关键的运营数据就可以加深投资者的印象，这比仅用文字或语言来讲述企业的运营情况要有用得多。至于具体如何披露运营数据，企业可以根据自身对数据保密性的要求选择披露部分数据或全部数据。

4.3.2 合理展示赢利数据

一个不争的事实是：企业的赢利能力越强，企业的价值越大，投资者可以获得的回报越丰厚。因此，几乎所有投资者在正式投资前都希望可以看到企业的赢利数据。下面以 A 企业为例，具体讲述企业应该如何向投资者展示赢利数据。

A 企业选择了以下几个指标作为赢利数据，如表 4-1 所示。

表 4-1　赢利数据一览表

序号	指标	2021 年比值（%）	2020 年比值（%）
1	销售净利率	15.82	17.01
2	销售利润率	18.54	20.01
3	销售毛利率	26.77	26.78
4	营业利润率	18.55	20.06
5	资产净利率	18.66	24.16
6	资产利润率	21.86	28.42
7	资产报酬率	44.69	50.90
8	资本收益率	207.14	227.70

另外，A 企业还分析了同行业竞争对手的赢利数据，如表 4-2 所示。

表 4-2　A 企业同行业竞争对手赢利数据一览表

序号	指标	B 企业		C 企业		D 企业		E 企业	
		2021年比值（%）	2020年比值（%）	2021年比值（%）	2020年比值（%）	2021年比值（%）	2020年比值（%）	2021年比值（%）	2020年比值（%）
1	销售净利率	5.29	4.59	7.42	6.32	4.17	4.52	6.91	7.34
2	销售利润率	6.20	5.49	7.92	8.51	0.42	0.45	7.70	7.99
3	销售毛利率	18.38	14.70	15.76	15.98	12.56	15.54	21.77	17.53

序号	指标	B 企业		C 企业		D 企业		E 企业	
		2021年比值（%）	2020年比值（%）	2021年比值（%）	2020年比值（%）	2021年比值（%）	2020年比值（%）	2021年比值（%）	2020年比值（%）
4	营业利润率	5.46	5.39	7.71	8.18	4.11	4.32	7.43	6.93
5	资产净利率	5.61	未披露	15.48	未披露	6.21	未披露	10.36	未披露
6	资产利润率	6.57	未披露	16.52	未披露	0.62	未披露	11.54	未披露
7	资产报酬率	14.27	未披露	45.07	未披露	13.40	未披露	31.15	未披露
8	资本收益率	27.89	40.53	46.34	71.68	32.85	72.53	94.66	94.26

根据上述表格中的赢利数据，A 企业可以向投资者展示自己的赢利能力。以 2021 年的赢利数据为例，2021 年，A 企业的销售净利率为 15.82%，远远高于同行业竞争对手平均水平，这说明 A 企业的赢利能力要比竞争对手更强。

为了让投资者更深入地了解企业的赢利能力，A 企业还从主营业务收入、主营业务利润入手，对自己的赢利能力进行了纵向分析，如表 4-3 所示。

表 4-3　赢利能力纵向分析一览表

项目	2021 年		2020 年	
	数值（元）	占比（%）	数值（元）	占比（%）
一、主营业务收入	1058765.46	100	6764377.31	100
营业成本	775340.95	73.23	495265.44	73.22
销售费用	35794.68	3.38	15996.24	2.36
管理费用	32840.31	3.10	15251.35	2.25
财务费用	18637.5	1.76	12120.94	1.79
进货费用	0	0	0	0
营业税金及附加费用	3251.24	0.31	3204.99	0.47
二、主营业务利润	192900.79	18.22	134598.36	19.90

通过表 4-3 可以看出，2021 年，A 企业的营业成本占主营业务收入的比例与 2020 年相比没有出现很大变化。但是，2021年的销售费用与管理费用却比 2020 年更多，财务费用则基本维持原有水平。

与 2020 年相比，2021 年的主营业务利润占销售收入的比例之所以下降，主要原因是 A 企业的销售费用、管理费用增加。这两项费用增加的原因是 A 企业为了应对激烈竞争，增加了广告费用，采用一些营销策略来提升市场占有率。

2021 年，A 企业的其他业务利润率比 2020 年有所增长。但因为 A 企业的主营业务利润率下降，导致其整体营业利润率也有所下降，如表 4-4 所示。

表 4-4　A 企业营业利润率分析比较一览表

指标	2021 年比值（％）	2020 年比值（％）	2021 年比 2020 年增减（％）
主营业务利润率	18.22	19.90	−1.68
其他业务利润率	0.33	0.16	0.17
合计：营业利润率	18.55	20.06	−1.51

上述案例涉及的赢利数据比较全面，但企业在面对不同的投资者时，也要根据实际情况对展示赢利能力的指标做出相应的调整。

4.3.3　合理安排融资规划

在融资时，企业必须重点说明资金的用途，最好可以细化到具体的项目，并基于此形成一份完整的融资规划。这样才能使自己的融资数据更翔实、有力，从而激发投资者的投资兴趣。融资规划需要根据业务拓展战略制定，而且必须体现前瞻性和大局观，同时也需要体现企业合理使用资金的能力。

融资规划的时间段应当是资金到位后的 3~5 年。在这段时间内，资金的使用情况和预期成果都要一目了然。对于投资者来说，简单甚至有漏洞的融资规划没有吸引力。因此，认真制定融资规划是很有必要的，企业具体可以从以下几个方面入手。

1. 资金需求说明。这方面包括对资金的总量、用途和使用期限的说明。其中，资金的用途主要体现在开展项目、扩展业务、升级核心团队、优化商业模式等方面。

2. 介绍资金使用计划及进度。这主要是为了让投资者心里有底，例如，资金使用周期为 1 年半，根据达到市场目标和团队管理成本的情况划分进度。

3. 为投资者列出投资贷款、利率、利率支付条件、转股、普通股、优先股、认股权以及对应价格等内容，以帮助投资者充分了解自己将会得到的回报。

4. 展示资本结构。

5. 制订回报、偿还计划。

6. 说明资本原负债结构，包括对每笔债务所产生的时间、条件、抵押、利息等信息进行说明。

7. 说明企业在经营过程中是否存在抵押的情况。如果存在，抵押品的价值如何，定价的依据是什么。如果有必要，企业还需要提供定价凭证。

8. 展示融资后的股权结构。

9. 展示股权成本。

10. 投资者介入企业管理程度说明。

11. 展示资金使用报告。

以上就是融资规划的相关内容，在实际的融资过程中，创业者需要根据投资者的意愿，对自己的融资规划内容进行灵活删减和添加，确保投资者满意。

第 **5** 章

战略升级：新时代战略赋能市值

内外部环境不断发生变化、运营成本上升趋势难以逆转、传统发展模式的诸多弊端逐渐显露……这些问题都会影响企业的健康发展，导致企业不得不探索新的发展方向，也促使企业尽快进行战略升级。

在内外部环境快速变化的时代，企业要想提升市值，就应该重视战略升级。企业应主动打破现状，积极进行战略升级，寻求更大的突破，从而使新战略更好地为市值赋能。

5.1　企业战略描述与评估

战略是企业为了实现长期生存和稳定发展，在分析内外部环境的基础上制定的一系列极具全局性和长远性的规划。战略能够指导企业做正确的事。但在做正确的事之前，企业要将其描述出来，让投资者知道相关信息，并对其进行自检，谨慎评估其效果。换言之，企业要做好战略描述与评估。

5.1.1　如何描述企业战略

很多企业在进行融资时，都不知道应该如何向投资者描述自己的战略。这说明企业的战略不够清晰、明确，或者过于模糊、复杂。对于模糊、复杂的战略，不同的人会有不同的理解，企业也容易因此而被误会。

企业可以用很短的篇幅将战略描述清楚，因为越简洁的信息，越容易被理解。如果企业可以用简洁的语言将战略描述得非常清楚，那么战略将更容易被记忆，执行起来也会更高效。

企业应该如何更清楚地描述战略呢？企业可以从战略的三个核心因素入手对战略进行描述。

1."我"是谁（战略标签）

企业要简明扼要地描述自己是做什么的，即介绍自己所在的行业和市场。"我"是谁决定了企业未来的"主战场"，也确保企业不会偏离发展方向、进入其他"战场"。清晰的战略标签应该包括以下三项关键内容：

（1）用户是谁（企业是为谁服务的）；

（2）产品是什么（企业主要是做什么的）；

（3）提供什么价值（企业可以给用户带来什么）。

将上述内容清楚地描述出来，并向外界传达，可以让股东、投资者等利益相关者更深入地了解企业的战略，也可以避免企业浪费过多人力、财力和精力。例如，Keep 是深受年轻人喜爱的健身 App，其战略标签是通过提供低成本、效果好的健身课程和服务，帮助年轻人强身健体、减脂增肌。根据该战略标签，我们可以得出以下结论：

（1）Keep 的用户是需要健身的年轻人；

（2）Keep 的产品是健身课程和服务；

（3）Keep 可以提供成本低、效果好的健身产品，帮助用户提升健康水平。

2. 去哪里（战略目标）

战略目标通常是指未来 3~5 年推动企业发展的指导方针，回答的是"去哪里"的问题。它必须是明确、具体的，而且应该是可衡量、有时限性的。在描述战略目标前，企业应先将以下几个关键问题梳理清楚。

（1）3~5 年后，公司会发生哪些变化、取得哪些成就、在市场上有什么样的地位？回答了这些问题，企业就有了朝着战略目标不断前进的动力。

（2）3~5 年后，企业希望用户、员工、股东等利益相关者如何评价自己？如果企业想得到更好的评价，那就要在制定战略目标时考虑利益相关者的意见。

（3）要想在 3~5 年后实现战略目标，企业必须采取哪些行动？

通常战略目标需要覆盖未来 3~5 年可以推动企业成功的所有方面。例如，某企业从市场、产品、财务三个方面制定了自己 5 年后需要达成的战略目标。

（1）市场：进入大数据行业，创建属于自己的品牌，打造大型数据库。

（2）产品：推出核心产品，努力使其市场占有率在国内排名前五位。

（3）财务：全年营业额进入行业前五名；赢利能力在国内居于前列；收入结构进一步优化，数据服务收入占总收入的比例达到40%以上。

3. 怎么去（战略实施路径）

战略实施路径是企业达成战略目标的方法和手段，企业如果只描述战略标签和战略目标，而闭口不谈战略实施路径，那么最后可能只是纸上谈兵。战略实施路径回答的是"怎么去"的问题，即企业具体采取什么措施将战略规划落实。

战略实施路径要帮助企业应对挑战，消除那些影响战略目标实现的内外部因素。在描述战略实施路径时，企业要清楚地说明自己为了应对挑战、消除内外部因素，会采取哪些方法。此外，企业最好再用事实证明一下这些方法的实用性和效果。

某企业目前面临国内竞争激烈、产品价格下行的挑战，该企业可以选择的方法有以下两种：

（1）走国际化道路，拓展海外销售渠道；

（2）为高收入群体量身定制差异化产品。

还有一家企业存在内部核心人才供给不足的问题，于是该企业向外界展示了自己的解决方案，具体包括以下两大措施：

（1）调整薪酬体系，吸引并留住更多高素质人才；

（2）加强人才库建设，储备更多人才为企业所用。

企业要通过通俗、简洁的语言将战略标签、战略目标、战略实施路径描述出来，让企业内部及外部的各相关方对企业的战略规划有一个大致的了解，从而吸引更多投资者为企业投资，促进企业战略规划的落实。

5.1.2 如何自检企业战略

对于任何企业来说，战略都很重要，股东、员工等利益相关者都希望获取与其相关的信息。为了适应市场及用户需求的变化，企业需要不断优化和调整战略，但在此之前，企业需要从 4 个维度对战略进行自检，如图 5-1 所示。

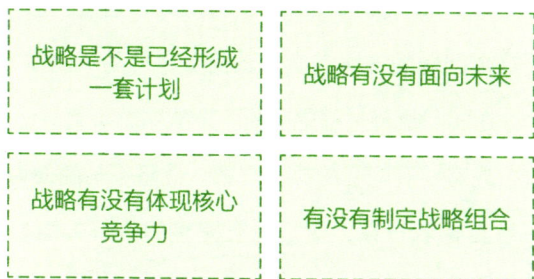

战略是不是已经形成一套计划	战略有没有面向未来
战略有没有体现核心竞争力	有没有制定战略组合

图 5-1　自检战略的 4 个维度

1. 战略是不是已经形成一套计划

一个合格的战略应该是一套完整的计划，这套计划通常包括四项内容：目标、发展路径、审核标准、执行方案。

有些企业认为自己的目标是把团队、项目建设得越来越好。其实这不是目标，而是一个口号。目标必须是明确、具体的。

例如，要为多少位用户提供服务、销售收入必须达到多少、整体业绩必须上升多少、增长率要比去年提升多少、净利润要达到什么水平、市值要超过哪个竞争对手……这些都是比较不错的目标。

在发展路径方面，企业不能妄想自己"一口吃成胖子"，而应该循序渐进地成长。例如，来自顺德的一家制造企业当时花费一切精力和资源来发展制造业，从制造风扇开始，逐渐发展为全球知名的空调、微波炉、冰箱制造商。

战略要有审核标准。有些企业因为不知道自己的战略是否可以产生很好的效果而选择不去执行战略。这是比较常见的问题，解决这个问题的方法其实比较简单，即为战略制定一套审核标准，并在实际执行过程中不断验证战略的价值。

最后，战略要有配套的执行方案。战略不是随便说说而已，也不是只有目标就可以，而是要有完整的执行方案。换言之，执行方案就是企业应该怎么做，才能保证战略的顺利实施。

2. 战略有没有面向未来

很多企业的战略其实都是在回答一个问题：如何让企业有一个光明的未来。很多企业之所以能够发展得不错，是因为其之前所做的战略规划赋予其成长性。所以，在企业制定的战略中，一定要有对未来形势的判断。

例如，某企业在新一轮技术革命中抢占了一个非常有利的位置，在数字化时代脱颖而出。为什么这家企业成功了？因为它在很早之前就进行了数字化布局，积极引入先进技术，明确地把人工智能、大数据、5G 等技术作为战略核心。

3. 战略有没有体现核心竞争力

很多企业在制定战略时，都更关注战略的短期转化效果，但其实一个战略的核心竞争力在长期发展中才能展现出来。那么，什么是核心竞争力？一个普遍认可的说法是很难用钱买到的，才是最有价值的核心竞争力。

例如，目前只有一家企业研发了某个技术专利，其他企业即使花费大量资金也无法获得这个技术专利，那么这个技术专利就是该企业的核心竞争力，也是该企业的坚固"护城河"。企业通常需要投入大量的时间和精力才可以构建核心竞争力，这意味着如果企业只追求短期利益，那么就很难有核心竞争力。

以电商行业为例，有些电商企业选择采取"低价买进 + 高价卖出"战略，虽然这些企业可以在短期内获得比较丰厚的收益，但该战略并没有核心竞争力，从长远来看无法为这些企业带来很大价值。

另外，投资人在购买了股票后，会一直留意企业把资金用于哪些方面，以便更清楚地知道自己会从哪些方面获得回报。好的战略会指导企业将资金用于可以提升核心竞争力的方面，而不好的战略只会让企业白白"烧钱"。

例如，某企业为了提升知名度，投入大量资金进行广告投放，一段时间后，销售额依然没有任何变化。该企业的战略就有问题，因为大规模投放广告根本无法提升它的核心竞争力，它可能需要在产品研发、服务优化等方面多下功夫。

如果企业通过自检，发现当下的战略无法提升其核心竞争力，也无法为其带来任何效益和价值，那么就需要对战略进行调整。

4. 有没有制定战略组合

现在市场竞争越来越激烈，企业要有两手准备，制定战略组合，即制定经营性战略和成长性战略。

经营性战略由如何实现目标、如何获得盈利、如何应对突发事件等内容组成，主要包括市场战略、营销战略、公关战略等。

成长性战略是为了促进企业成长而制定的，是面向未来的战略。一个合格的成长性战略可以帮助企业在不确定的环境下，找到广阔的发展空间，从而更从容地应对行业与市场变化。

要想同时执行这两个战略，就应该做好分工。通常员工、组长等执行层需要重视经营性战略，而创始人、管理者等领导层就必须负责成长性战略。企业在自检时要看目前的分工是否明确，判断这两个战略是否有相应的人员负责。

最后需要注意的是，在自检过程中，企业可能会发现战略已经开始偏离最初的设定，这其实是正常的，毕竟时代是在不断发展和变化的。因此，为了顺应时代，企业不能停滞不前，更不能满足于现状，而是要根据时代形势不断优化战略。

5.2 企业战略定位与多元化

企业战略是一把双刃剑，企业对其进行合理定位可以起到锦上添花的作用，而定位失误也会使企业的发展雪上加霜。随着经济的不断发展，越来越多的企业开始重视多元化战略，试图通过扩大业务范围来提升市值。但多元化战略的风险比较大，企业在实际操作时要慎之又慎，否则很可能让自己陷入困境。

5.2.1 如何定位企业战略

传统商业思维的本质，是希望产品能够满足所有用户的所有需求。在竞争渐趋激烈的时代，这种思维虽然还适用，但需要有清晰而正确的战略定位作为指引，才可以真正产生效果。如果战略没有被定位，那么即使是有着丰富资源和强大实力的企业，在和对手较量时，可能也占不到上风。

战略定位的重要性不言而喻，那么企业应该如何做好战略定位呢？企业具体可以从业务、规模、速度、模式四个维度入手进行战略定位。

1. 业务定位

（1）价值定位：如何通过产品或服务，向用户传递企业的价值主张？

（2）品牌定位：企业想在用户心中树立什么样的品牌形象？

（3）市场定位：先进行市场细分，然后选择目标市场，最后定位目标市场。

（4）产品或服务定位：用什么样的产品或服务迎合目标市场，满足用户需求？

以产品定位为例，一汽-大众奥迪的战略包含两大核心体系。

一是构建先进的产品研发、生产、质保体系。在研发方面，一汽-大众奥迪建立了高技术标准的实验中心和完整的研发体系，以实现车辆的改进和二次研发；在生产方面，其工厂覆盖了我国东北、西南、华南、华东、华北等地区，同时具备先进的制造工艺、完善的生产流程和高素质的管理人才及员工；在质保方面，其建立了覆盖三大基地、由上千位员工组成的质量保证部门，始终坚持"产品0缺陷战略"，为出厂的每辆汽车提供高标准的品质保障。

二是打造深受用户认可的服务体系。一汽-大众奥迪在进入市场后建立了完善的经销商网络，并打造了采用全球统一服务标准、统一标识、统一专业服务人员的 4S 店。发展到现在，一汽-大众奥迪的数百家授权经销商已经覆盖我国超过 200 个城市。此外，为了能够培养更专业的售后人才，一汽-大众奥迪在长春、北京、杭州等地建立了培训中心，与多所院校签订了培训合作协议。

在上述战略的支持下，一汽-大众奥迪凭借强大的产品体系和贴心的优质服务在汽车市场中立足并迅速发展，满足了广大爱车人士的需求。这也表明，要想成功应对市场竞争，企业就必须明确自己的目标，结合目标与市场特点做好战略定位。

2. 规模定位

企业的规模应该有一个合适的范围，否则当规模扩大到了一定程度后，企业的效益很可能会下降。至于应该如何确定自身规模，企业则需要综合考虑管理成本、交易成本、收益三大关键要素。

3. 速度定位

成长速度要科学、合理，不能过快，也不能过慢，最好能与企业的规模和创立年限相匹配。另外，在定位成长速度时，企业还需要参照战略目标、资源保有量、目前所处发展阶段、综合赢利水平等指标。

4. 模式定位

每家企业都有专属于自己的一套模式，这套模式指导企业进行运营管理、业务设计、赢利规划等工作。目前比较常用的模式主要有以下几种。

（1）轻资产模式：把重心放在核心业务上，围绕核心业务培养专业化能力，将那些无法对利润提升发挥关键作用的非核心业务外包出去。

（2）重资产模式：打造全产业链，连接上下游。这种模式可以将企业与上下游之间的交易关系变成内部的资源调拨关系，从而进一步优化产业链配置。

（3）平台模式：开发可以将利益相关者凝聚在一起的平台，让他们相互依存、互帮互助。而企业作为平台开发者，则可以对各方利益进行分配。

（4）成本驱动模式：以控制和降低成本为核心，充分挖掘并利用自身优势资源，强调生产规模和产品标准化，主打低价战略。

（5）价值驱动模式：以自身长处去打击竞争对手的短处，例如，为用户提供与竞争对手相比更有优势的产品和服务，使其成为自身竞争壁垒。

以上是企业进行战略定位的四个维度，在实践过程中，企业还要保证战略定位的灵活性。换言之，当市场环境或企业自身发展情况出现变化时，战略定位也要随之变化。这样才可以更好地迎合市场形势，满足更多用户的需求。

5.2.2　解读战略多元化

如今，多元化已经不再是一个新概念，很多企业都试图将这个概念与战略融合在一起，希望可以通过拓展业务范围来使自己的市值得到进一步提升。多元化战略具有一定的优势，具体体现在不仅可以分散风险、增加赢利，还可以提高资源使用率及市值管理的成功率。

多元化战略带来的好处确实不少，但不得不说，有些企业在实行多元化战略后，自身发展情况不仅没有好转，成长速度反而大幅度降低。例如，美的集团之前采取多元化战略，想把自己打造成多元化电商巨头。为此，美的集团除了开发电器外，还涉足电梯、半导体、工业机器人、新能源汽车等领域。

美的集团尤其看好工业机器人领域，例如，美的集团以 292 亿元的价格收购了知名工业机器人巨头库卡。但事与愿违，从 2017 年正式收购库卡开始到 2022 年，库卡的营收和净利润呈现同比下滑趋势。换言之，此次收购并未为美的集团带来很多回报，反而成为美的集团的一个经济负担。

除了美的集团，某调料品企业（以下称 "A 企业"）为了完善业务体系，也曾决定采取多元化战略，并宣布以增资 5000 万元的条件获得了一家电商企业 51% 的股权。此后，A 企业与电商企业共同从事鲜肉、冷却肉销售业务，但一直没有赢利。为了及时止损，A 企业后来以 0 元的价格将自己持有的电商企业 51% 的股权转让给某位股东。这意味着，A 企业之前增资的 5000 万元打了水漂。

后来 A 企业又计划收购某食品股份有限公司的全部股权，但经过几个月的协商，二者的利益诉求没有达成一致，收购以失败告终。这次失败并没有影响 A 企业的多元化战略，A 企业再次发布公告，宣布要以 48 亿元的价格收购一家渔业公司，不过最后收购还是没有成功。

经过几番折腾，A 企业逐渐失去了自己引以为傲的调味品市场，而其他调味品品牌则迅速崛起。可见，多元化战略并没有让 A 企业的发展变得更顺利，反而使其陷入主业不强、副业很弱的局面。

通过美的集团和 A 企业的案例，我们可以看到，多元化战略虽然有优势，但如果企业操作不当或者选择了错误的方向，那么该战略也许就会成为拖慢企业成长速度的绊脚石。企业要想成功地推进多元化战略，必须审视好以下几个问题。

1. 企业自身优势

认清企业在技术、业务、销售、经营、管理等方面的优势，更有益于企业对自身的未来发展方向进行规划。企业可以对照业务拓展计划，明确当前的发展路线和阶段性目标，然后在此基础上开发更有价值的新业务。

2. 协同增益

协同增益即企业在将新旧业务整合后，两项业务是否可以协同发展，从而产生更大的效益。对于这个问题，企业可以用缺口填补法进行判断。换言之，新业务需要有效填补产品线、销售体系、市场、竞争、管理、人才等缺口中的至少一项。

3. 留意是否拓展过度

在实施多元化战略的过程中，急速拓展业务和过度拓展业务都会导致企业"消化不良"，从而陷入资源膨胀的误区。这里所说的资源膨胀并不意味着企业的规模即将扩大、经营业绩即将提升、经济实力即将增强。很多时候，当出现资源膨胀现象后，企业往往会陷入经济增长停滞期。

4. 有无加强监管

当企业因为实施多元化战略而遭遇经营问题后，可以通过改变管理制度有效解决该问题。在日常经营中，企业应该明确董事会、监事会的责任，同时引入会计师事务所、业务分析部门等独立机构，使其对相关经营环节进行全方位监管。这样可以避免多元化战略使企业陷入经营困境。

第 **6** 章

资本结构：志同道合才能
长久合作

随着经济体制的进一步完善，资本被视为一种经济权力，可以很好地帮助企业度过生存阶段，进入高速发展阶段。在这个过程中，资本结构的重要性逐渐凸显。各大企业都应该明确资本结构，了解资本真相，以便更好地发挥竞争优势，协调各方关系，让自己更值钱。

6.1　市值管理的参与者之投资者

很多企业都想获得投资者的投资，因为这样不仅可以有更多的资金促进企业发展，还可以提升企业的市值。但在接受投资前，企业需要对投资者有一个清晰的认识。目前活跃在资本市场中的投资者主要有三大类：股权投资者、财务投资者和战略投资者。企业需要与他们进行利益捆绑，建立最牢固的关系。

6.1.1　股权投资者

股权投资者是通过投资获得企业的股权，成为企业的股东，按照自己所持有的股权比例享受相应的权利和收益，并承担相应的责任。投资者是不是股权投资者要看企业是资金密集型还是技术密集型。

半导体、生物科技、现金装备制造等领域的企业基本都属于资金密集型企业；软件即服务（SaaS）、互联网等领域的企业则都属于技术密集型企业，此类企业更注重轻资产运营。通常早期资金会对这两类企业的发展产生不同程度的作用。

具体来说，资金密集型企业从创立初期就需要非常多的资金，而且在产品最终上市实现变现前，此类企业通常会长时间地（几年到十几年不等）处于持续、大量烧钱的状态。因此，资金对于此类企业来说至关重要。为了更好地开展研发工作，此类企业很可能不得不在早期融资阶段就授予股权投资者50%以上的股权。

而注重轻资产运营的技术密集型企业通常更重视股权，所以基本不会在种子轮融资和天使轮融资中释放很多股权（一般不会超过20%）。

之所以会出现这种情况，主要是因为不同企业对资金的需求不同。资金密集型企业会愿意用比较多的股权换取巨额投资，因为资金决定了其项目是否可以顺利进行，以及项目在早期阶段的存亡。而技术密集型企业则倾向于掌握更多股权，但需要注意的是，这样会导致企业获得的投资额比较少。

下面介绍几个寻找股权投资者的常用渠道。

1. 通过媒体寻找股权投资者

很多股权投资者会在媒体上公开寻找项目，创业者平时可以多关注一些专业融资平台，通过其发布的信息寻找合适的股权投资者。创业者也可以主动在媒体或融资平台上刊登广告，发布一些项目信息来寻找股权投资者。

2. 扩大人脉圈

创业者应该利用企业家聚会和其他途径尽可能多地结交各界朋友。结识的朋友越多，创业者的社交圈子就越大，为企业引入股权投资者的机会也会相应地增加。因此，创业者要明白"多一个朋友就多一次机会"的道理，不要忽视任何一个朋友，也不要错过任何一次宝贵机会。

3. 与一些正规的中介合作

有时通过中介寻找股权投资者也是一个不错的选择，但是创业者要注意检验中介的资质，审核其是否规范、合法。中介可以为企业带来一些合适的股权投资者，帮助创业者积累良好的社交资源。创业者也可以向中介寻求一些适当的建议，这有助于提高项目被股权投资者看中的可能性。

企业应该寻找与自身有着一致发展理念的股权投资者，否则，即使企业拿到了融资，在未来发展过程中也可能因为和股东理念不合而引发很多矛盾，影响企业的稳定发展。

6.1.2 财务投资者

财务投资者是以赢利为目的，通过投资获得经济上的回报，并在恰当的时机进行套现的投资者。这类投资者更关注投资回报率，对企业未来有没有上市的可能性则不太看重。换言之，他们更注重短期获利，对企业的长远发展兴趣不大。

硅谷有一家名为 DST Global 的投资机构，该机构投资的很多项目都发展得非常不错，开发这些项目的企业市值也增长得很快。该机构曾经以财务投资者的身份投资了北美生鲜电商"Weee!"，投资金额高达 3.15 亿美元。该机构通过这一笔巨额投资获得了丰厚的回报。

DST Global 是一家专注于财务投资的机构，其创始人尤里·米尔纳（Yuri Milner）来自俄罗斯。该机构背靠俄罗斯诸多科技巨头，经济实力雄厚。尤里·米尔纳曾为推特（Twitter）和 Facebook 投资，拥有 Twitter 和 Facebook 的分红权，他也因此获得了非常丰厚的收益。

财务投资者要想成功，一个非常重要的前提是通过投资换取相应的分红，其他方面则可以适当舍弃，最好也不参与企业的运营。以某投资者对互联网企业的投资为例，该投资者当时只要求自己必须有分红权，而没有要求获得任何投票权，也没有要求在董事会中担任席位。这对于互联网企业来说是非常有利的。

很多企业都比较喜欢与财务投资者合作，因为他们可以帮助这些企业解决资金短缺问题，而且还不会对创始团队的控制权构成严重威胁。但即使如此，如果企业选择了不合适的财务投资者，那么也会影响自身发展进程和市值管理效果。

在选择财务投资者时，企业要重视以下几个关键点。

（1）专业性和权威性。有实力的财务投资者要求都比较高，普通项目很难获得他们的青睐。若能争取到他们的投资，企业就要证明项目有一定的发展潜力和竞争力。而且他们为企业带来的通常不只是资金，还有比较强大的背书效应。

（2）志同道合。在选择财务投资者前，企业首先要了解他们是否对行业感兴趣，双方是否会在一些原则性问题上有较大分歧等。

（3）资源整合能力。虽然财务投资者主要为企业提供资金方面的支持，但如果他们具有比较强的资源整合能力，则有利于帮助企业获得更广阔的发展空间，对企业的发展与壮大有非常重要的推动作用。

有时即使创业者找到了合适的财务投资者，双方也进行了面对面的沟通，但最后财务投资者还是不愿意投资。此时创业者就需要找一个理由，与财务投资者见面，再次进行沟通，尽自己最大努力争取机会，促使对方投资。

产品近期有重大更新就是一个很好的理由，创业者可以发送邮件给之前已经见过面的财务投资者，内容可以是："我想让您看看产品的新版本，相信您会觉得这个产品非常有意思。我保证不会占用您太多的时间。"此外，最近赢得了一个大客户或者有战略上的重大调整都可以作为与财务投资者再次见面的理由。

6.1.3 战略投资者

战略投资者希望用投资来弥补自己在某个领域的短板，使企业与自己的主营业务实现战略协同。他们通常具备技术、管理、人才等方面的优势，可以促进产业结构升级，帮助企业提升核心竞争力与创新能力，对企业产生深远的战略影响。

战略投资者与企业通常属于同一行业的不同环节或者邻近行业，这样就可以产生协同效应，进而加强企业管理，使企业获得更多发展机会。例如，腾讯、谷歌、字节跳动就可以是其他互联网企业的战略投资者。

对于企业来说，获得战略投资者的投资是其发展战略的一部分，是出于对成本、市场等方面的综合考虑。战略投资者的持股年限一般为5~7年，他们更追求长期利益。当然，这也是他们区别于以利益为先的投资者的重要特征之一。

为了参与企业的运营和管理，战略投资者可以提出派驻高管或者替换高管的条件，但这会对创业者的权利产生一定的影响。不过，这样做，战略投资者可以帮助创业者顺利度过艰难的适应过程，促使企业改变传统管理模式，与现代管理规则接轨。

战略投资者会用自己的资源帮助企业迅速扩大规模，使企业更快地成长，确保企业在上市时能有一个较高的估值，从而获得更多投资者的青睐。

同时，战略投资者，尤其是国际型战略投资者所具有的产业运作经验，可以在较短的时间内改善企业的经营结构，提高企业的核心竞争力，并促进企业的业绩和市值进一步提升。而且如果战略投资者要求的股权比例不高，对企业发展的贡献超过其索取的回报，那么企业可以尽力满足战略投资者的要求，和其展开友好合作，实现互利共赢。

但是，战略投资也存在一些弊端，其中最主要的问题是，战略投资者的出发点大多是为了满足自己在行业布局和业务升级方面的需求。如果企业不了解这一点，总是盲目地迎合战略投资者的需求，那么可能会限制企业的发展。久而久之，企业的经营节奏与方向就会被战略投资者打乱。

其实很多时候，引入战略投资者是一些企业为了顺利获得融资，提升市值的一个迫不得已的选择。比较有经验的专家往往会对战略投资者持中立的看法。企业需要认真判断战略投资者对企业内在价值和市场价值的影响。

6.2　市值管理的参与者之股东

大股东、实际控制人、管理层股东都属于企业的"主人"，他们的切身利益与企业的经营情况和市值高低息息相关。任何企业在进行市值管理时都不能忽视股东的重要性，必须及时将相关信息报告给他们，并为他们设计合理的资本结构。

6.2.1　大股东

大股东即控股股东。

《中华人民共和国公司法》（以下简称《公司法》）第二百一十六条第（二）项规定："控股股东，是指其出资额占有限责任公司资本总额百分之五十以上或者其持有的股份占股份有限公司股本总额百分之五十以上的股东；出资额或者持有股份的比例虽然不足百分之五十，但依其出资额或者持有的股份所享有的表决权已足以对股东会、股东大会的决议产生重大影响的股东。"

根据股权占比情况，控股股东可以细分为以下三种。

（1）绝对控股股东：拥有 67% 以上的股权，拥有对企业的绝对控制权和经营权。需要注意的是，如果绝对控股股东不是创始团队的成员，那么创始团队很可能会因为失去控制权而被迫出局，最终不得不离开他们一手创办的企业。

（2）一般控股股东：持有的股权不足 67%，但高于 50%，在日常管理和一些关键经营事项上有决策权。

（3）相对控股股东：持有的股权不足 50%，其中一部分股权可能是受其他股东委托。此类控股股东往往有最多的投票权。

由于控股股东具有比较多的权利，如股东大会有召集权、投票权、决策权等，所以一旦他们滥用权利，违反相关法律规定和程序，就会对其他股东的利益造成严重影响。通常控股股东滥用权利的行为主要有以下几种。

（1）排挤行为。控股股东利用自己的权利迫使其他股东出让股权，或者以收购、操纵股票价格、恶意增加企业资本等方式稀释其他股东的股权。还有一部分控股股东甚至会恶意罢免或无理阻挠其他股东担任高管等职务。

（2）欺诈行为。控股股东的欺诈行为包括侵吞企业财产、恶意霸占其他股东的财产、对违反规定的行为视而不见等。

（3）关联交易。有些控股股东会借助自己的权利让企业与和自己有密切联系的其他企业进行关联交易，从中牟取不正当回报，从而损害企业的利益。

（4）内幕交易。控股股东有时会知道其从属上市企业的内幕信息，然后凭借该内幕信息卖出或买进该上市企业的股票。这种行为是会被证监会处罚的。

（5）控制权交换。控股股东以高于股票票面价值的价格将控制权转让出去。

（6）夺取有利机会。控股股东利用自己的有利地位，夺取原本应该属于企业的有利机会，从而损害企业和其他股东的利益。

如果不对控股股东的行为进行约束，除了会影响企业和其他股东的利益，还会影响资本市场的稳定。如果因为控股股东的违规操作导致投资者无法得到合理的回报，合法权益也遭到损害，那么资本市场就会变成"无源之水"。

让投资者获得回报是资本市场的价值源泉。如果控股股东不考虑企业的长远发展，为一己私利使企业的综合实力下降，让投资者无法获得回报，就会严重影响企业的赢利增长，也会阻碍多层次、高效率的资本市场的建立。

在约束控股股东的行为时，企业需要重视以下几个关键点。

（1）控股股东对企业及其他股东负有义务保持诚信，应该严格依法行使权利，不得损害企业和其他股东的利益，更不得通过自己的特殊地位牟取不正当回报。

（2）控股股东在提名董事会成员、监事会成员等核心骨干成员时，必须严格遵循法律法规和企业章程规定的条件和程序。

（3）控股股东不得对股东大会的人事选举决议和人事聘任决议履行任何批准手续，不得越过股东大会、董事会任免高管。

（4）企业的重大决策应该由股东大会和董事会依法做出，控股股东不得直接或间接干预此决策，也不得违法开展生产经营活动。

（5）控股股东必须与企业的员工、资产、财务、机构、业务分开，彼此独立核算，也必须独立承担相应的责任和风险。

控制权犹如汽车的方向盘，只有把方向盘握在手里，司机才能掌握汽车的行驶方向。同理，企业的控制权只有掌握在合适的控股股东手里，他们才能更准确地指挥企业的发展方向。因此，企业要防患于未然，提前对控股股东的行为做出相应的规定，防止控股股东滥用权利，从而影响企业的发展与壮大。

6.2.2　实际控制人

《公司法》第二百一十六条第（三）项规定："实际控制人，是指虽不是公司的股东，但通过投资关系、协议或者其他安排，能够实际支配公司行为的人。"

除了《公司法》，其他法律法规也对实际控制人做出了规定，如表 6-1 所示。

表 6-1　实际控制人的法律规定

法律渊源	具体标准
《深圳证券交易所股票上市规则》	1. 为上市公司持股 50% 以上的控股股东； 2. 可以实际支配上市公司表决权超过 30%； 3. 通过实际支配上市公司表决权能够决定董事会半数以上成员的选任
《上海证券交易所股票上市规则》	1. 股东名册中显示持有股份数量最多，但是有相反证据的除外； 2. 能够直接或间接行使的表决权，多于该上市公司股东名册中持股数量最多的股东能够行使的表决权； 3. 通过行使表决权能够决定董事会半数以上成员的选任
《上市公司收购管理办法》	1. 为上市公司持股 50% 以上的控股股东； 2. 可以实际支配上市公司表决权超过 30%； 3. 通过实际支配上市公司表决权能够决定董事会半数以上成员的选任； 4. 依其可实际支配的上市公司表决权足以对股东大会的决议产生重大影响

综上所述，实际控制人虽然没有直接持有企业股份，或持有股份比例达不到控股股东比例，但通过投资关系或其他协议规定，实际控制人也能实际支配企业行为。此外，还应结合以下因素判定实际控制人：对股东大会产生的影响，对董事会产生的影响，对董事和高管人员的提名任免权利，企业股东持股的变动情况，企业董事和高管人员的变动情况，发行审核部门认定情况等。

在 IPO 中，实际控制人分为以下三种形式，如图 6-1 所示。

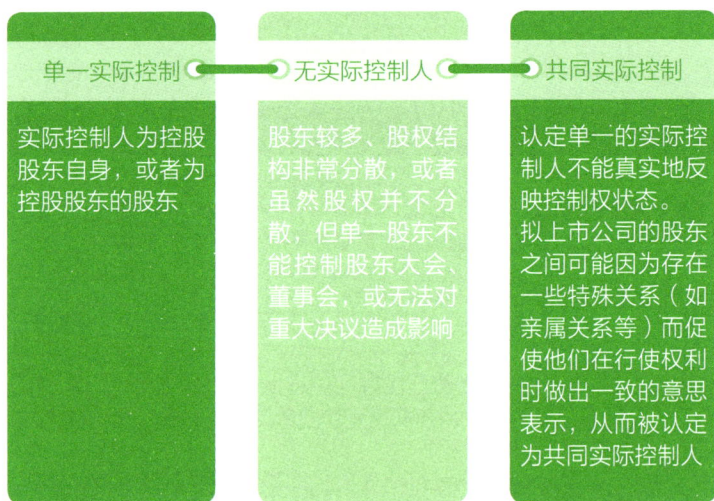

单一实际控制

实际控制人为控股股东自身，或者为控股股东的股东

无实际控制人

股东较多、股权结构非常分散，或者虽然股权并不分散，但单一股东不能控制股东大会、董事会，或无法对重大决议造成影响

共同实际控制

认定单一的实际控制人不能真实地反映控制权状态。拟上市公司的股东之间可能因为存在一些特殊关系（如亲属关系等）而促使他们在行使权利时做出一致的意思表示，从而被认定为共同实际控制人

图 6-1　实际控制人的三种形式

神州泰岳（北京神州泰岳软件股份有限公司）的股东王宁的持股比例约为 18.5%，李力的持股比例约为 18.5%，两人的合计持股比例约为 37%。但由于其他股东持股较为分散，大部分

股东的持股比例都不到 10%，又考虑到王宁和李力在企业的职位，以及对企业重大决策和经营活动的影响，因此神州泰岳将王宁和李力两人认定为共同实际控制人。

实际控制人是分析企业治理问题的关键点。根据企业治理规范，股权结构是现代企业产权治理的基础，能有效解决企业的决策机制设定问题，促进约束制度的形成，对规范企业的行为有着积极作用。

6.2.3　管理层股东

管理层主要是指管理某单位或系统活动执行的人员或组织形式，而管理层股东则是参与日常企业管理的股东，他们既是战略的实际制定人，也是执行人。很多企业的管理层与股东之间都存在权利冲突，这是因为企业中出现了控制权与所有权分离的问题。

控制权与所有权分离可能会导致管理层懈怠，而且管理层追求的利益与股东追求的利益不一致，这就可能导致管理层为了自己的利益而损害企业、股东的利益。

这些矛盾与冲突是很多企业经营不善的导火索。那么应该怎么解决呢？企业可以让股东担任管理职位，即股东根据企业章程参与实际的经营活动。法律规定，企业股东享有资产收益、参与重大决策和选择管理者的权利。其中，资产收益权包括优先认股权、剩余财产分配权等；参与重大决策权包括增加或者减少企业资本、发行企业债券、修改企业章程等；选择管理者权包括选举董事、监事等。

股东参与企业管理的具体方法有以下几个。

（1）行使表决权。股东出席股东会或由委托代理人出席股东会，行使表决权。

（2）行使选举权和被选举权。股东有权根据企业章程，选举具有任职资格、自己信任的董事或监事。当股东本人符合《公司法》规定的企业董事和监事的任职要求时，有权被选举为企业的董事或监事。

（3）依法转让出资或股份。有限责任公司的股东转让股份时，企业股东享有优先受让权，而股份有限公司没有这一限制。

（4）行使股东知情权。这是股东参与企业重大事项决策、行使权利的前提。例如，股东可以查阅企业的章程、股东会会议记录以及财务会计报告等，同时对企业的经营具有建议权和质询权。

（5）行使盈余分配权和企业剩余财产分配权。主要按照股东出资比例或股东所持股份比例进行盈余分配。有限责任公司可以自行约定股东的盈余分配比例，但股份有限公司则没有自行约定的权力，只能按股份比例进行盈余分配。

（6）行使优先认购权。当企业需要新增资本或发行新股时，股东有权优先按出资比例或持股比例认购企业的新增资本或发行的新股。

在实际中，无论是上市企业，还是非上市企业，其管理层与股东之间大多会存在矛盾和利益冲突。但如果股东参与企业的经营管理，则能有效化解矛盾与冲突。

6.2.4　资本的价值组成及比例关系

资本结构是指企业资本的价值构成及比例关系。最优资本结构是指能使股东获得更多回报或股价最大化，企业资金成本最低的资本结构。资本结构反映企业的融资结构以及债务、股权的比例关系。在资本结构中，股权结构健康与否，不仅能反映企业的过去和现在，还影响着企业的未来。

某企业于2020年年初成立，该企业有4位创始人，分别为李某、何某、张某、赵某，这4人以每股1元的价格分别向企业出资了80万元、60万元、30万元、30万元，分别占股40%、30%、15%、15%。这个时候该企业的初始资本结构如表6-2所示。

表6-2　该企业的初始资本结构

股份	股价（元／股）	估值（元）	股比（％）
800 000	1	800 000	40
600 000	1	600 000	30
300 000	1	300 000	15
300 000	1	300 000	15

为避免股权平均分配的问题，该企业的合伙人在企业成立

之初约定了股权锁定条款、竞业禁止条款以及股权成熟条件，以保证合伙人的利益。

该企业在 2021 年下半年完成天使轮融资，投资者出资 450 万元，占股 15%，此时企业的资本结构是怎样的情况呢？

李某持股：（1−天使轮投资者占股比 15%）× 40%=34%

何某持股：（1−天使轮投资者占股比 15%）× 30%=25.5%

张某持股：（1−天使轮投资者占股比 15%）× 15%=12.75%

赵某持股：（1−天使轮投资者占股比 15%）× 15%=12.75%

此时的总股数为：800 000/34%=2 352 941（股）

天使轮投资者持股：

总股数−创始团队持股股数 =2 352 941−（800 000+600 000+300 000+300 000）=352 941（股）

股价为：投资金额/所持股份数量 =4 500 000/352 941=12.75（元/股）

2022 年 5 月，该企业决定进行 A 轮融资，获得投资者 1000 万元的投资，占股为 10%，此时该企业的资本结构为：

李某持股：（1−A 轮投资者占股比 10%）× 34%=30.6%

何某持股：（1−A 轮投资者占股比 10%）× 25.5%=22.95%

张某持股：（1−A 轮投资者占股比 10%）× 12.75%=11.475%

赵某持股：（1-A 轮投资者占股比 10%）×12.75%=11.475%

天使投资者持股：（1-A 轮投资者占股比 10%）×15%=13.5%

总股数为： 800 000/30.6%=2 614 379（股）

A 轮 投 资 者 持 股： 2 614 379-（800 000+600 000+300 000+300 000）-352 941=261 438（股）

股 价 为：投 资 金 额 / 所 持 股 份 数 量 =10 000 000/261 438=38.25（元 / 股）

在搭建资本结构的实际操作中，经常有企业不进行资本结构的计算，从而无法合理预见融资可能带来的影响以及股权分配的变化，最终失去对企业的控制权。因此，企业一定要在融资前先确定所需要的投资者种类，并做好股权分配计划，确保在不失去对企业的控制权的情况下，扩大企业规模，推动企业健康发展。

第 **7** 章

制度保障: 公司既要"走得快"
也要"走得稳"

作为组织形态的一种，企业需要依靠层级和管理制度来维持秩序。特别是在企业生成价值的过程中，稳定的组织架构和优越的制度体系是重要的驱动因素之一，同时也为企业市值的提升创造了有利的环境，确保企业市值能够持续、稳定地增长。

7.1　组织架构：为企业运行提供内部支撑

无论是传统企业，还是现代企业，都需要搭建组织架构为企业的运行提供内部支撑。组织架构之于企业，正如骨骼之于人体。因此，如果组织架构设计不合理、部门之间权责不分明、团队彼此配合不到位，都会降低企业的运行效率，阻碍企业的市值提升。

7.1.1　新时代的企业组织架构

传统的组织架构通常包含众多层级分明的部门，例如业务部、销售部、财务部等，这些以职能为依据设立的部门为企业内部的决策权划分和早期的分工协作提供了便利。但是随着时代的进步，这些传统的部门已经不再适用于业务繁多的企业，特别是在数字化浪潮席卷而来的今天，企业要想发展，就必须搭建全新的组织架构。

传统组织架构的重点在于区分职能，其次才是协调合作关系。这种模式虽然稳定，但却无法快速响应市场变化。而新时代的组织架构应当是敏捷的、人性化的、智慧的。有不少企业在此领域做出了尝试，当前流行的组织结构主要有以下几种，如图 7-1 所示。

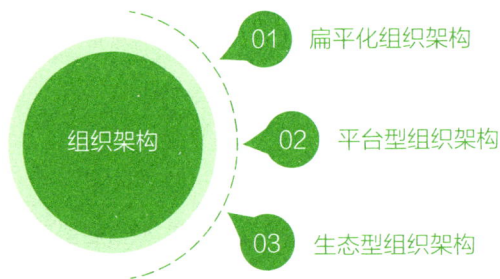

组织架构

01 扁平化组织架构

02 平台型组织架构

03 生态型组织架构

图 7-1　组织架构类型

1. 扁平化组织架构

扁平化组织架构是最常见的现代企业组织架构之一。它之所以如此受欢迎，是因为它改变了传统企业内部的上下级之间纵向的联系方式，减少了管理成本，同时能够快速协调部门之间的合作。

例如，通用电气就曾将自己的 24 个管理层级缩减至 6 个，员工数量由 41 万人减少至 29 万人。这使得企业管理与运营成本大大降低，管理效率实现了大幅提升，企业效益也有所增加，由此提高了企业市值。

但扁平化组织架构也存在一定的弊端，如果企业过于庞大，贸然缩减员工和管理层级必然会给后续业务带来一些不便。而且完全扁平化、没有领导的企业必然没有好的顶层战略设计，因此，很多企业在实施扁平化策略的同时会保留企业高层管理部门或组织，例如董事会、经理层等。

2. 平台型组织架构

平台型组织架构是一种全新的组织架构形态，它是利用平台理念，将各种资源整合到一起并用于对应业务，所以它能够快速响应前端市场的需求，高效提升企业的商业价值。平台型组织架构的最大特点是能够无视时空限制，让每一位员工都有机会参与到业务流程中，最大限度地激发企业创新力。

例如，美的集团为了去中心化、去权威化，只保留了必要的董事长席位和董事会等机构，将原有的层级式组织架构变革，设立了四大协同平台：安得智联、IoT、美的集团财务公司和中央研究院。由此，后端人员与前端人员的沟通与协作越来越顺畅，美的集团的业绩与市值也越来越高。

3. 生态型组织架构

生态型组织架构是一种开放的模式，该组织中的每个人都是企业这个生态体系中的一员。例如，高德出行服务平台中的司机与高德就构成了一种生态型组织，因为司机虽然为高德工作，但他并不属于高德雇用的员工，他与高德之间通过签署协议构成了松散的合约关系。在生态型组织架构中，司机与司机、司机与高德之间都存在竞争关系，但更多的是合作关系。因为只有大家共同维护这样的生态大环境，大家才都能获得利益。

虽然目前很多企业都采用平台型组织架构，但是这只是由传统企业到现代企业组织架构的一个过渡。未来，生态型组织架构才是企业组织架构发展的大趋势，企业的组织架构将会向更敏捷、更人性化、更智慧的方向发展。

7.1.2　如何搭建完善的组织架构

企业在设置组织架构时，要遵循以下几个步骤，如图 7-2 所示。

设置组织架构步骤

- 选择组织架构类型
- 明确部门职能
- 明确岗位职能
- 确定关系层级

图 7-2　设置组织架构的步骤

1. 选择组织架构类型

企业首先要明确自己所属的企业类别，例如，互联网企业与制造业企业的组织架构就有着很大的差异。互联网企业常采用 M 型组织架构。M 型组织架构主要有事业部制与矩阵式两种类型，事业部制以产品为划分依据，各部门有很大的自主权；矩阵式则适用于跨地区企业。而制造业企业通常采用 U 型组织架构，按照职能划分财务、营销、客服等部门。

所以，在正式设置组织架构之前，企业管理者一定要清楚企业所属类别，有大体战略规划，这样设置的组织架构才更符合企业的需求。一般来说，企业都会选择较为先进的组织架构模式，这样即使后期需要做出调整，也无须做太大的改动。

2. 明确部门职能

企业管理者需要明确，为了达成企业战略目标，部门都需要具备哪些职能。例如，企业需要达成招聘高素质人才的目标，就要设置专门的人力资源部门；企业需要有人为企业管理者汇总信息，就要设置总经理办公室。

3. 明确岗位职能

很多企业喜欢因人设岗，实际上这对企业的发展非常不利。例如，人力资源部门经理的岗位职能除了招聘员工，还要管理、协调部门内部大小事务，与其他部门进行对接。所以该岗位的人员不仅需要具备招聘能力，还需要具备管理能力。如果因人设岗，将一个人随便安排为人力资源部门经理，不仅会降低部门运行效率，还会提高管理成本。

4. 确定关系层级

很多人认为现代的新型组织结构没有层级之分，实际上这个认知是错误的。无论是部门，还是团队，其内部都会有一条不间断的权力路线和组织脉络。假设部门中全是层级相同的部门经理，团队中全是层级相同的管理者，那么要由谁来完成工作任务？谁来做决定？谁出面协调？实际上，现代企业的组织架构同样有层级关系，只不过它更加重视同层级之间的横向联系，同时去除冗余的纵向层级。

特别是对于一些管理跨度大的企业来说，如果没有明确的层级关系，那么它的内部势必出现管理真空，例如，该由谁协调部门工作？又该由谁管控子公司？因此，层级是必要的，它能够保证组织架构的权责均衡。

在搭建企业组织架构的过程中，企业还要遵循以下两个原则。

（1）相对独立性原则。虽然现代企业的组织架构强调各层级之间的沟通与协作，但这并不意味着大家是彼此相融的。尤其是对于管理部门来说，保持相对的独立性有助于提高工作效率，提升企业效益。

（2）专业性原则，即专业的人做专业的事。即使员工是没有经验的新手也没有关系，企业可以为其提供一段时间的培训，将其培养为专业人士。企业可以不定期考察员工和管理人员的专业性，以确保他们能够为企业提供专业性支持。

7.2　董事会：企业高层管理核心

董事会是企业高层管理的核心，它承担着股东、债权人、客户和员工之间的沟通责任。如果董事会能够有效发挥它的价值与作用，为企业制定出最合适的战略规划，提升企业的经营效益，从而进一步提升企业的市值。因此，不管组织结构怎样变革，董事会始终在企业管理中占有重要地位。

本节将从执行董事、非执行董事、独立非执行董事、非独立非执行董事以及审计机构五个方面来介绍如何确定企业高层管理者。

7.2.1　执行董事：直接参与企业经营活动

执行董事也被称为积极董事，他能够直接参与到企业的经营活动中来，企业的员工就可以担任该企业的执行董事一职。执行董事在董事会内担任具体岗位职务，同时对此岗位负责。

根据《公司法》第五十条规定："股东人数较少或者规模较小的有限责任公司，可以设一名执行董事，不设董事会。执行董事可以兼任公司经理。执行董事的职权由公司章程规定。"

执行董事的作用主要有以下两方面。

（1）执行董事要积极、主动地履行董事会赋予的职能责任和企业赋予的岗位责任，不能顾此失彼。

（2）如果因为董事会没有正常、合理、全面地发挥作用而导致企业蒙受经济损失，股东要求董事会履行赔偿责任，但董事会未能将责任明确到董事成员个体身上，则所有执行董事都应当履行连带经济责任。例如，董事会中共有 3 名执行董事，股东要求董事会成员赔偿 100 万元，则 3 名执行董事应当共同承担这 100 万元。

因为执行董事直接参与企业的经营活动，所以由执行董事引发的纠纷比其他董事会成员所引发的纠纷要更多。

例如，马某是某企业的执行董事，同时兼任该公司的总经理一职。根据该企业的公司章程规定，马某是该企业的决策者。2020 年，马某在股东不知情的情况下将部分股东的股份非法转让给他人，利用职务之便侵犯了股东权利。

《公司法》第一百五十二条规定："董事、高级管理人员违反法律、行政法规或者公司章程的规定，损害股东利益的，股东可以向人民法院提起诉讼。"该企业股东依法向人民法院提起诉讼，除了维护自己的正当权益外，该企业股东还要求马某必须辞去总经理和执行董事的职务。

正是因为执行董事能够直接参与企业的经营活动，同时又具有多种权利，所以马某才有可乘之机。因此，必须有其他人来监督执行董事，避免其钻了公司章程的漏洞，损害股东利益。

7.2.2　非执行董事：监督与平衡

非执行董事与执行董事是相对的，虽然他也是企业董事会的重要成员之一，但他并不在该企业内担任任何职务，与企业没有任何其他契约关系。因此，非执行董事也被称为非常务董事。

中国证监会发布的《关于在上市公司建立独立董事制度的指导意见》对非执行董事的含义、任职资格、职权、义务等都做出了明确的规定。

此外，非执行董事虽然不直接参与企业的经营活动，但他对执行董事起着监督和平衡关系的作用。非执行董事主要代表委派他的股东的利益，因此，只要股东足够信任某人，在经过合规流程后即可委派他作为非执行董事，所以他无须具备太强的专业性。

那么非执行董事在企业中具体扮演怎样的角色呢？

（1）由于非执行董事不在企业内部任职，所以他比执行董事更能够客观地分析企业的经营现状，同时也便于收集影响企业发展的外部因素。所以，非执行董事能够为企业的战略规划制定提供建设性意见，帮助董事会及时调整企业的战略方向。

（2）非执行董事除了是董事会成员以外，与企业没有任何其他契约关系，所以他能够贯彻执行企业的监督制度，监督管理层的工作是否到位，特别是在企业目标与战略的执行方面。

（3）非执行董事也负责制定执行董事等董事会成员的薪酬标准。

（4）非执行董事会重点监督企业的财务信息状况，确保财务系统和风控系统预测危机的敏感性和化解危机的稳定性。全体董事会成员有责任向非执行董事反映企业的真实经营状况和财务问题。

（5）非执行董事作为外部董事，负责搭建企业、董事会、人才骨干之间的联系网络，例如，某非执行董事认识一位该企业急需的人才，他就可以帮忙引荐。同时，非执行董事也会站在股东的立场平衡董事会各成员之间的关系，为董事会营造一个健康、和谐的环境。

7.2.3　独立非执行董事：专业性与客观性

独立非执行董事也常被称为独立董事，除了是董事会成员外，独立非执行董事不是企业的管理层，不直接参与企业的经营活动。这一职位具有非执行性的特征。

同时，独立非执行董事也具有独立性，这也是其最大的特点。

根据中国证监会发布的《关于在上市公司建立独立董事制度的指导意见》（以下简称《独立董事制度的指导意见》）第一条第（一）项规定："上市公司独立董事是指不在公司担任除董事外的其他职务，并与其所受聘的上市公司及其主要股东不存在可能妨碍其进行独立客观判断的关系的董事。"

根据《独立董事制度的指导意见》第一条第（二）项规定："独立董事对上市公司及全体股东负有诚信与勤勉义务。独立董事应当按照相关法律法规、本指导意见和公司章程的要求，认真履行职责，维护公司整体利益，尤其要关注中小股东的合法权益不受损害。独立董事应当独立履行职责，不受上市公司主要股东、实际控制人，或者其他与上市公司存在利害关系的单位或个人的影响。独立董事原则上最多在 5 家上市公司兼任独立董事，并确保有足够的时间和精力有效地履行独立董事的职责。"

独立非执行董事代表所有股东的利益，特别是中小股东的利益，所以独立非执行董事必须具有一定的专业性。通常情况下，独立非执行董事中至少包括一名会计专业人士（会计专业人士是指具有高级职称或注册会计师资格的人士）。此外，独立非执行董事也具有兼职性质。

那么独立非执行董事的独立性和专业性在企业中具体发挥哪些作用呢？如图 7-3 所示。

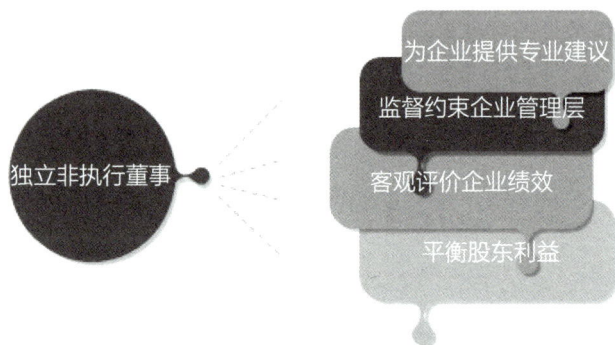

独立非执行董事

为企业提供专业建议

监督约束企业管理层

客观评价企业绩效

平衡股东利益

图 7-3　独立非执行董事的作用

1. 为企业提供专业建议

因为独立非执行董事具备一定的专业性，所以他能够为企业的发展、运营提出专业的建设性建议。同时，独立非执行董事还能够为董事会的战略决策、目标规划等企业顶层设计提供参考意见，提高其决策水平，进而提高企业的效益与市值。

2. 监督约束企业管理层

与非执行董事一样，独立非执行董事也拥有监督企业财务信息状况、监督总经理等高级管理人员的权利。

3. 客观评价企业绩效

因为独立非执行董事独立于企业之外，所以相较于内部董事，他对董事会的工作、企业的运营绩效的评价会更为客观。

此举能够避免董事会成员自己给自己打分，或者互相评价碍于人情关系无法做到客观、公正。独立非执行董事的客观评价能够最大限度地保护股东利益。

4. 平衡股东利益

独立非执行董事不同于非执行董事，他代表的是全体股东的利益。同时他在董事会表决中又拥有一定的特别权力，所以能够在股东、员工、债权人、客户等利益主体之间起到有效的平衡作用。特别是对于中小股东来说，因为股权不如大股东多，话语权也相对较弱，而独立非执行董事能够有效防止董事会被大股东操控。当股东与企业管理层发生利益冲突时，独立非执行董事能够站在中小股东的立场，为他们争取最大的权益。

7.2.4 非独立非执行董事：与企业存在利益关系

非独立非执行董事也被称为非独立董事，与独立非执行董事一样，都属于非执行董事。虽然非独立非执行董事并不直接参与企业的经营管理，但非独立非执行董事与该企业或该企业董事会成员中的执行董事存在某种利益关系，因此才会被称为非独立董事。

非独立董事通常被分为以下三种。

第一种是内部董事，即企业股东或企业雇员。此处的雇员并非指企业员工，而是企业雇用的第三方人员，例如在外部律师事务所中雇用一位法律顾问担任非独立董事。

第二种是灰色董事，即内部董事的亲属、朋友等。

第三种是连锁董事，它实际上是灰色董事的一种特殊情况。A 在 B 的企业担任非执行董事，B 又在 A 的企业担任非执行董事，双方互相在对方所属的企业担任非执行董事，存在利益关系，因此也被称为连锁董事。

非独立董事要么与董事会或企业管理层存在个人关系，例如管理层成员亲属；要么与董事会或管理层成员存在经济关系，例如关联方经济实体、客户等。通常情况下，律师、银行家这类职业最容易成为非独立董事。

7.2.5　审计委员会：企业内部专职审计机构

我国的审计体系包括国家审计、社会审计和内部审计。审计委员会就是企业内部的专职审计机构，它在董事会下设立，成员是独立非执行董事，设立目的是加强上市企业的财务治理。审计委员会对董事会负责，业务相关报告向董事长汇报，行政相关报告向行政总裁汇报。

《上市公司治理准则》第三十八条规定："上市公司董事会应当设立审计委员会，并可以根据需要设立战略、提名、薪酬与考核等相关专门委员会。专门委员会对董事会负责，依照公司章程和董事会授权履行职责，专门委员会的提案应当提交董事会审议决定。专门委员会成员全部由董事组成，其中，审计委员会、提名委员会、薪酬与考核委员会中独立董事应当占多数并担任召集人，审计委员会的召集人应当为会计专业人士。"

审计委员会主要负责内部控制，监督企业的财务报表和其他财务相关事项。它的主要职责如下：

（1）审核并监督外部审计机构对本企业的财务审计是否独立、客观，审计程序是否合规、有效；

（2）针对外部审计机构提供的非审计服务制定相关政策，并将政策落地执行；

（3）对企业的财务信息进行审计，并向外界公开；

（4）监督企业内部的审计制度制定及执行是否合规、合理；

（5）平衡企业内部审计与外部审计之间的关系；

（6）对企业存在的重大关联交易进行审计和监督；

（7）接收并处理对本企业的审计或其他基础制度的投诉。

财务审计和基础制度审计是审计委员会的主要工作。当企业发展成熟，基础制度已经成型，审计委员会的主要工作就是进行财务审计以及与外部审计机构进行交涉。

除此之外，审计委员会有权聘请会计师事务所为其服务，并且有权雇用独立的法律顾问。

审计委员会具有不完全独立性。一方面，它的成员是独立非执行董事，能够以客观、专业的角度对企业的财务状况进行分析，进而了解企业的运营状况；另一方面，它需要对董事会负责，作为企业内部的审计机构，它要将审计结果如实上报给企业最高管理层，这也是它不独立之处。

审计委员会的工作离不开外部审计机构的支持。国家审计由国家审计机关实施，社会审计则由社会中介审计机构进行。外部审计完全独立于企业，其只对国家、社会和相关利益主体负责，所以它的独立性、客观性与公正性都有很好的保证。

因为审计委员会归根结底与外部审计在内容、标准等方面都存在相似之处，所以在企业组建审计委员会初期，企业可以借鉴外部审计的资料、制度、流程等信息，来提高审计委员会的工作效率。如果组建审计委员会有困难，企业还可以寻求社会审计机构的帮助，让成熟的社会审计机构对企业内部的财务信息等进行监督和审计。审计委员会与外部审计机构可以互相监督，确保审计工作的公平与公正。

此外，非上市企业也可以参照上市企业的审计制度和监督制度，将其完善、调整，使其适用于自己的企业。

第 **8** 章

高素质团队搭建：用股权激励留住人才

企业想要提升市值，就必须要在业务上下功夫。而业务是由员工落实的，企业董事会、管理层的战略和指令也是由员工来执行的。所以在有了战略规划之后，企业就要考虑如何让员工中的人才骨干与企业形成利益共同体。因为只有让这些核心员工与企业一条心，企业的所有战略规划才能落地，企业才能够正常运转，企业市值才能够得到提升。

而最直接的方法就是给这些员工分配股权。因为只有企业效益好，股权带来的分红才多，而得到的分红越多，员工就会越努力为企业付出。这会形成一个良性循环，使员工与企业形成更密切的合作关系。

那么企业应该预留多少股权池？每次应当拿出多少股权用于股权激励？如何平衡员工股东与创始人之间的控制权问题？只有将这些问题思考清楚，股权激励才能够发挥其应有的作用。股权激励作为企业市值管理的重要手段之一，代表着企业向更高级别发展，因此企业管理者需要经过慎重思考再去实践。

8.1　股权激励作用：增强员工向心力，提高企业竞争力

股权激励是为了激发企业员工的工作积极性，从而提升企业的整体效益。实施股权激励意味着企业对人才的依赖性更强了，现代企业如果想要通过市值管理提升企业市值，就要意识

到股权激励的重要性，用股权提升员工对企业的忠诚度和归属感，增强员工的向心力，提高企业的竞争力。

8.1.1　为什么要进行股权激励

股权激励的实现方式是将企业的一部分股权分配给激励对象，即有价值的员工，实现激励效果。实际上，它有两个本质原因。

其一，股权激励分的是"增量"而非"存量"。股权激励并不是将企业管理者的股权分出去，很多企业管理者认为股权激励分出去的股权都是自己的"存量"，会影响自己的既得利益，削弱自己对公司的实际控制权。实际上，这是一种目光短浅的看法。

例如，某企业创始人拥有企业100%的股份，企业所有赢利最终都会进入创始人的口袋。如果要将20%的股份分给员工，势必使自己获得的赢利减少很多。但实际上，企业最初只能赢利100万元，因为有了优秀员工的付出，最终企业赢利200万元，那么从200万元中拿出40万元给予员工作为奖励，那么企业创始人还会获得160万元的赢利。

因此，股权激励分的是"增量"，是将员工付出努力后，增加的一部分赢利分给员工，这样能够让员工更有参与感和主人翁意识。从本质上来说，只有有发展潜力、能够成长的企业才有实力进行股权激励，而企业茁壮成长的过程也正是企业市值提升的过程。

其二，股权激励能够建立企业与员工的利益共同体。通过其他方式进行员工激励，例如现金激励、团建旅游激励等，并不足以真正打动员工。因为这些依然是现有利益，员工无法看到企业未来的发展与收益。员工看不到未来，自然就不会竭尽全力。

而股权激励则能够将二者的利益捆绑到一起：企业的未来利益就等于员工的未来利益，企业的未来发展就等于员工的未来发展。

对于员工而言，股权就像一条纽带，纽带的一端是自己，另一端则是所属的企业。这有利于企业充分挖掘人才的潜在价值，最大限度地提升企业发展速度，提高企业的管理效率。

正是基于以上原因，很多上市大企业都喜欢采用股权激励这一方法留住人才。而除了大企业外，很多中小企业也喜欢用股权激励降低管理成本，为企业留住人才。

例如，某地质行业企业的员工因为工作需要经常要去野外进行实地调研，但是野外条件艰苦，因此员工的流动性很大。为了解决这一问题，该企业实施了股权激励，员工流动性因此得以降低。而且由于老员工好管理，企业的管理成本大大降低。三年之后，该企业不仅扩大了团队规模，企业市值也有所提升，并且还总结出了一套完善的企业市值管理方案。

因此，对于现金流有限的中小企业来说，利用股权激励不仅不需要以高薪为代价留住员工，还能够让员工自愿留在企业，为企业尽心付出，作出更大贡献。因为他们深知，只有企业发展得好，自己才能够获得更多利益。

我国的股权激励目前正在进入常态化时代。2020年，A股共有440家上市企业实施了股权激励计划，同比增长超过三成。上市企业越来越能灵活使用股权这一工具完善自身的治理结构。由证监会发布的《上市公司股权激励管理办法》已于2018年9月15日起实施，股权激励也正式进入规范化轨道。

8.1.2 如何用股权激励留住人才

究其本质，企业的市值管理是通过一系列管理方法，例如财务管理、业务管理、制度管理等，将企业应有的价值发挥出来。而企业的价值是需要由人来实现的，所以，员工才是一个企业最大的财富。

企业管理者在掌握股权激励的方法后，就应当合理地利用它来留住人才。为了达到这一目标，企业管理者应当了解股权激励的三项原则。此外，企业管理者还需要知道企业在不同的发展阶段应当使用哪种股权激励方法。

虽然现代股权激励起源于美国，但其雏形在中国古代便已出现，其中的代表是诞生于19世纪20年代初的山西票号。当时的山西票号提出了"身股制度"，这一制度能在3~5年内为其高级员工提供8000~40 000两白银。这相当于普通百姓不吃不喝几十年才能攒下的钱，所以这一巨大的物质刺激使得山西票号的员工都忠心耿耿，尽心尽力地为山西票号付出，使山西票号夺得了"海内最富"的称号。

而"身股制度"发展到今天，已经变为现代企业的股权激励计划，这也是企业进行人才激励的主要选择。科学的股权激励制度应当遵循以下三个原则，如图 8-1 所示。

图 8-1　股权激励的三个原则

1. 系统原则

无论采取什么样的激励手段，都应当与企业的整体战略和其他激励制度相匹配，形成一个完整的管理系统。

一方面，因为股权激励不仅是一种激励手段，还与企业的管理结构和资本运作有巨大的关系，所以系统原则尤为重要；另一方面，股权激励本身也是一个独立、完整的结构，考虑其内部的系统性也是系统原则的体现。

2. 平衡原则

平衡原则是指在应用股权激励时要把握好尺度，平衡好各方面的关系，例如长期和短期的影响，竞争对手与合作同盟、新员工与老员工等之间的关系。如果股权激励没有一个公平、公正的尺度，那么只会使企业内部人心涣散、员工唯利是图，而这会阻碍企业市值的提升，还会给企业造成毁灭性打击。

3. 组合原则

股权激励实际上是一个统称，它包括多种激励工具，企业可以根据自身的实际情况灵活组合这些激励工具。另外，不同的激励工具也有着不同的应用特点和风险收益，只有组合起来才能达到最好的效果。

此外，在选择股权激励方式时，企业还要考虑很多因素。例如，激励对象的数量、企业现在的财务状况、企业所处的发展阶段等。在这些因素中，企业所处的发展阶段最为关键。一般来说，企业的发展过程可以分为四个阶段，如图 8-2 所示。

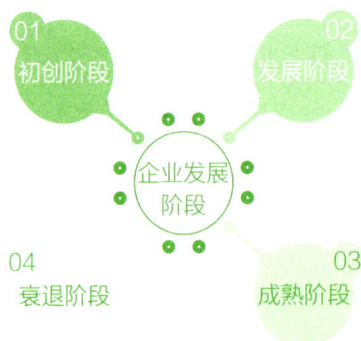

图 8-2　企业的四个发展阶段

这四个阶段对应着企业不同的特点和战略计划，导致股权激励方式也发生很大变化，具体如下。

1. 初创阶段

企业处于初创阶段时，往往会存在资金少、人才少的问题。同时，初创期的企业管理体制不够规范和完整，所以，过于复杂的股权激励方式并不适用。

为了能够留存骨干员工、扩大资金来源，这一时期的企业可以采用向激励对象打折出售股票的方式，让激励对象获得实权，使其感到被重视，并能获得实际收益。或者企业也可以采用员工技术入股的方式，让员工参与到企业的管理中来，逐渐完善企业管理制度，提升企业市值。

2. 发展阶段

处于发展阶段的企业通常业绩增长迅猛，这也是企业市值提升最快的阶段。为了维持住这一势头，企业必须要建立完善的管理制度。此时由于企业规模扩大，员工增多，给予实权的股权激励方式就不再合适。为了扩大激励范围，留住更多员工，在这一阶段企业应该采取认股权、虚拟股权的方式。

3. 成熟阶段

当企业进入成熟阶段后，企业市值的增长速度逐渐放缓，基本趋于稳定状态，同时市场增长速度也变得缓慢，但竞争日趋激烈。此时，企业的管理重点应该是降低成本，不让股权激励给企业带来太大的成本负担，所以此时比较适合采用认股权、延期支付等方式。

4. 衰退阶段

处于衰退阶段的企业面临着利润明显下滑的困境，市场竞争力也大不如前。资本对于企业市值的评价也开始下降，人才流失的问题也非常严重。但企业能够发展到衰退期，说明之前有过辉煌时期，这种类型的企业基础深厚，只要时机合适就能够东山再起。而为了留下关键人才，以待东山再起，处于衰退阶段的企业可以选择岗位分红权的股权激励方式。

8.1.3　股权激励与市值增长的关系

企业的发展过程可以依据 IPO 划分为两大阶段。在企业上市之后，企业的市值必然大幅上涨，而这也是它上市的主要目的：提升企业市值，获得更多融资。而对于企业内部员工来说，如果在企业上市前获得股份，与在企业上市后才获得股份相比，员工获得的财富增值收益要大得多。

在我国创业板市场的千余家上市企业中，有不少企业在 IPO 之前就实施了股权激励。例如，莱美药业、上海嘉豪、红日药业等众多企业在招股材料中表示，为了激励骨干员工，他们将在上市前进行股权变更。

以腾讯为例，腾讯是我国乃至全球知名的互联网大厂，其于 1998 年 11 月成立，2004 年正式上市。

早在腾讯上市之前（2001 年 7 月），腾讯就推出了第 1 期购股权计划，即股票期权计划，赋予员工在未来某个时间段以约定价格购买腾讯股票的权利。2004 年上市之后，腾讯又在 2004 年、2007 年、2009 年和 2017 年分别推出了 4 期购股权计划。

2007 年年底，腾讯推出了第 1 期股份奖励计划，此后每隔 6 年，腾讯就会推出一期新的股份奖励计划。

腾讯的股份奖励计划实际上就是限制性股票奖励计划，它与腾讯的购股权计划并称为腾讯的股权激励计划。虽然是并行的两种股权激励计划，但腾讯却在不同时间段各有侧重。

1998—2006 年，腾讯推出的两期购股权计划共授出 7.27 亿股。

2007—2021 年，腾讯推出的三期购股权计划共授出 3.58 亿股。

而同期推出的三期股份奖励计划，在 2007—2021 年共授出 4.9 亿股。

很明显，在上市之前及上市后初期，腾讯更偏好用购股权计划，而在企业上市后的发展平稳期，腾讯更喜欢用普惠性更强的股份奖励计划。

截至 2020 年，腾讯共有员工 85 858 人，而其中 34.6% 的员工，即约 29 706 人都拥有了腾讯的限制性股份。

2016 年，腾讯成立 18 周年。为了庆祝成立 18 周年，腾讯授予 27 424 名员工每人 300 股限制股。当年共有 37 149 位员工获得股份奖励，而当年的员工总数是 38 775 人。由此可见，腾讯对于普通骨干员工更喜欢用股份奖励作为激励方法。

在企业上市前后，股权激励计划会受到市值的影响。企业应当学习腾讯的股权激励方案，在不同的阶段采取不同的激励方法，如图 8-3 所示。

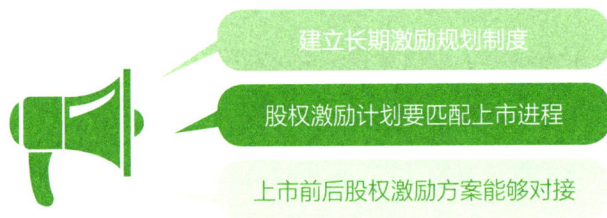

建立长期激励规划制度

股权激励计划要匹配上市进程

上市前后股权激励方案能够对接

图 8-3　企业如何学习腾讯的股权激励方案

1. 建立长期激励规划制度

腾讯仅成立 3 年就意识到了股权激励的重要性，在上市之前便针对高管推出了购股权计划，而在上市之后为了扩大激励范围，更是推出了股份奖励计划。腾讯的每一步都是按照企业的关键发展阶段进行的，充分考虑了人才的需求。

2. 股权激励计划要匹配上市进程

股权激励要能够对企业上市发挥正面作用。在企业的不同发展阶段，股权激励的股份定价依据也不同。如果离上市时间较远，通常参考每股净资产定价；临近上市多以预估的 IPO 价格为参照；上市后以市价为定价原则。越早启动激励计划，授予价格越低，激励对象将来的获益空间越大，越能更好地鼓励核心团队为企业上市而长期奋斗。

3. 上市前后股权激励方案能够对接

上市后的激励计划要满足合规、合法的要求，对接机制要考虑企业未来上市地的监管政策。A 股不允许上市前未实施完毕的股权激励方案延续到上市后，因此计划 A 股上市的企业需要建立一个新老划断的时间点，至少在上市后满 30 个交易日才能够实施新的股权激励计划。

8.2 股权激励设计：如何顺利落地

在设计股权激励机制的过程中，企业管理者不可避免地会遇到一些问题，例如，如何选择股权激励模型，如何有效避开股权激励中的陷阱等。针对这些问题，本节为企业管理者提供了有效的解决方案，从而使企业做好股权激励设计，使股权激励计划顺利落地。

8.2.1 三种股权激励方式的区别

一般情况下，股权激励的方式共有三种，分别是干股、实股和虚拟股。这三种方式各有利弊，适合不同类型的企业，或同一企业的不同发展阶段。

1. 干股

干股只是一种俗称，并不是严格意义上的法律概念。它是指员工没有出资而获得的股份，本质上更类似于一种持久的奖励金，民营企业通常会采取这种方式。持有干股的员工可以享受相应的股息分红，但是没有对企业的实际控制权。

北京某民营互联网企业为了让销售部门的部门经理继续留在企业工作，许诺给予其 12% 的干股。该部门经理原本因为另一家企业承诺的高薪而萌生跳槽的想法，但权衡利弊之后，他选择接受 12% 的干股，不花一分钱成为现企业的股东。虽然不能够参与企业的重大决策，但是该部门经理每个月都可以获得一定数额的分红。如果后期他离开企业，那么干股也会被收回，他不会再获得任何分红。

2. 实股

实股就是通常大家所说的股份，需要在工商管理局进行注册、出资才能够获得。实股可以流通，而流通转让的过程就是企业引进新股东的过程。如果企业选择以实股方式进行股权激励，那么通常情况下企业会通过股价打折的方式将股份出售给员工，或者通过定向增发的方式将股份授予员工，让员工以最小的代价获得股份。

若无特殊规定，持有实股的员工不仅拥有分红权，还拥有话语权，能够参与到企业的管理决策中来，所以实股也是最能激发员工主人翁意识的一种股权激励方式。

3. 虚拟股

虚拟股与实股相对，它无须经过工商注册，而持有虚拟股的员工往往没有投票权。员工可以获取对应股息分红，但是不能够将虚拟股转让或出售。如果员工离职，那么之前所持有的虚拟股也会随之失效。

虚拟股也被称为递延股，因为持有虚拟股的员工只有在实股和优先持股人履行义务后才能够享有对企业资产的拥有权。虚拟股也可以作为库存股，库存股是为了激励企业管理层而保存起来的股份，管理层取得一定成绩才可以获得库存股。

虚拟股的优势在于能够长期跟踪员工股东的价值，并且能够避免因为股票价格动荡而错误衡量企业业绩和员工付出，特别是这些动荡不是由企业引起的。虚拟股能够以更客观的角度去衡量企业的价值。

虽然无须考虑虚拟股的来源，但却要考虑企业用于支付股权激励的现金支出从何而来。一旦现金支出过大，就会影响企业的现金流和企业的市值。

总而言之，在选择股权激励方式时，企业一定要以自身实际情况为前提，不要盲目进行股权激励。对于成立初期的企业来说，想要提升企业市值，就需要大量资金运作，因此应该选择实股，扩大资金来源。而对于较为成熟的企业来说，更适合选择干股，因为这样可以留住更多人才。

8.2.2 股权激励模型

企业在实施股权激励的过程中，为了充分保证其系统性和有效性，必须重点关注以下4个方面，如图8-4所示。

图 8-4 股权激励过程中的 4 个重点

1. 约束机制

因为员工并非一直在企业工作，有可能会中途离职，所以企业将股权直接授予员工这一做法存在一定的风险。如果要避免这样的风险，企业就要建立一定的约束机制。最常见的约束机制是在进行股权激励前，企业与员工签订一个期限协议，如果员工在规定期限内离职，就要将已经获得的股权按照市场价格卖给企业。

2. 税务问题

税务问题是股权激励中的一大重点，企业需要特别注意以下 3 个问题。

（1）股权变更产生的税务问题

《股权转让所得个人所得税管理办法（试行）》第四条第一款规定："个人转让股权，以股权转让收入减除股权原值和合理费用后的余额为应纳税所得额，按'财产转让所得'缴纳个人所得税"，股权变更产生的税费应由获得股权转让收入的员工承担。

（2）股权回购产生的税务问题

股权回购产生的税费应由触发回购条款的一方承担，如果是员工触发了回购条款，那么就应该由员工承担税费。

（3）分红产生的税务问题

分红产生的税费由员工承担，具体金额要根据个人所得税决定。

3. 优先购买权

在企业管理过程中，原始股东的利益必须得到保障。所以无论企业采取什么样的股权激励方式，都应该明确原始股东的优先购买权。

4. 业绩情况

股权激励是管理员工的一种手段，所以要和业绩情况相结合，如果企业的业绩不好，那么员工就不应该享受到股权激励所带来的好处。

股权激励的模型主要有三种，分别是员工直接持股、有限责任公司持股、有限合伙企业持股。

1. 员工直接持股

员工作为自然人直接登记为股东就是员工直接持股。这种模型使员工能够直接获得股票，获得最大利益。但对于企业来说，员工直接持股这一模式的缺陷是不好控制股权。因为一旦员工离职，这部分股权的处理将具有非常大的不可控性，会给企业的稳定发展造成极大的负面影响。因此，很少有企业使用员工直接持股的股权激励模式。

2. 有限责任公司持股

这种模式也被称为控股企业模式，即被激励对象成立一家子公司作为持股平台间接持有母公司的股权。

《公司法》修订后，取消了公司注册资本的最低限额，所以，成立这种有限责任公司的成本很低，员工出资也很少。

3. 有限合伙企业持股

有限合伙企业持股也是股权激励模式的一种。在这种股权激励模式下，合伙人分为普通合伙人和有限合伙人。普通合伙人是母公司的创始人或其指定人员，他们具有管理职能，对母公司具有控制权；有限合伙人是公司的激励对象，不参与公司的管理，只享有股权的经济收益。

通过持股平台使员工间接持股的股权激励模式有利于企业的管理与发展。如果企业使用员工直接持股的股权激励模式，就会导致企业的股东数量大幅增加，使企业的控制权和管理权分散。这会导致企业的决策效率降低，投资者不愿意投资，企业市值下降。根据《公司法》第二十四条规定："有限责任公司由五十个以下股东出资设立"，所以为了避免限制，企业可以以持股平台的方式授予员工股权，对员工进行激励。

很多企业管理者认为，只要选对了股权激励模式，企业的管理成本就会降低，员工的工作效率就会提升，企业市值也会上升。

首先，企业管理者不要把股权激励误认为纯粹的福利计划，股权激励和上市、融资等都有关联，但这并不代表它一定会为企业带来收益。股权激励应分为"历史贡献"与"岗位价值"两个部分。前者是对员工已经做出的贡献的奖励，后者是对员工未来对公司的贡献的激励。股权激励的重点应在于"岗位价值"的部分，占比通常不低于70%，所以它不是单纯的福利计划。

其次，企业管理者要让激励对象有参与感。简单的股权分摊并不能让员工认可企业的管理方式和发展前景。股权激励是企业和员工的双向选择，企业能够获得一批与企业有着共同目标的员工，员工可以获得更多收益，从而工作的积极性会更高，参与感也会更强。

最后，股权激励方案要能够保证公平。外部资本会对企业市值进行评价，内部员工也会对企业价值进行评估。为了避免股权分配不公平这一问题，企业要保证股权激励方案中不包含人情因素。而且企业要向员工阐明，股权激励对象不是固定的，所有人都有机会成为激励对象。只要员工为企业创造价值，就有可能获得相应的股权。

第 **9** 章

市值提升：投资与并购

投资与并购是两种不同的提升企业市值的方法，也是最为常见的提升企业市值的途径。企业要根据所处行业和自身所处发展阶段选择合适的方式，理性投资，合理并购。本章将从理性投资与合理并购两方面入手，讲解投资与并购是如何影响企业市值，企业市值又是怎样影响投资与并购计划的。

9.1 理性投资：互惠互利，共创财富

投资是指国家、企业或个人为了达成某些目的，与合作方签署协议，为合作方输送资金，与合作方互惠互利的过程。投资能够实现产业的纵横发展，为企业进一步的生存与发展提供了保障。投资本质上是通过现有资产的输出获得未来的财富回报。本节主要讲述如何通过内生性增长和外延式增长进行投资。

9.1.1 内生性增长：自我技术进步推动市值增长

内生性增长，顾名思义，是企业依靠自身的技术进步推动市值增长。虽然外部资本对企业进行投资，但是企业不能只依赖于外部投资，而是要着重提高自己的技术和能力。内生性增长的核心内容是保障企业自身的经济不依赖外力而稳定增长。

资本市场实际上更看重企业的内生性增长能力，因为这代表了企业核心竞争力的大小。一家内生性增长能力弱的企业，即使给它再多的资源，它也像温室中的花朵一样经不起风雨的

考验。

内生性增长能力强的企业在进入商业生命周期的高峰时，企业市值在高位能够维持得更久。对于很多企业来说，内生性增长就是一个借助投资打造自身品牌的过程。

以江苏鱼跃医疗设备股份有限公司（以下简称"鱼跃医疗"）为例，鱼跃医疗于 1998 年成立，2008 年在深交所上市，是我国知名的医疗设备企业，制氧机产品曾是全球销量第 1 名。经过 10 余年的发展，鱼跃医疗已经成为集医疗设备研发、生产、销售于一体的大型综合性医疗企业。

2004 年，鱼跃医疗与江苏省相关高校及机构签署了合作协议，建立了紧密的产学研合作关系。鱼跃医疗向高校输送资金，建立合作实验室，高校向鱼跃医疗输送研究人才，机构则向鱼跃医疗输送资金。由此，鱼跃医疗拥有了百余项专利，"鱼跃"商标也被评为中国驰名商标，鱼跃医疗自此打响了自己的品牌。

2008 年，鱼跃医疗上市后，不仅通过自身积累实现了规模扩张，还通过并购加快了企业发展的脚步。它以上市为契机，在长三角地区展开了多次并购，完成了企业规模由小到大的转变。

2014 年，鱼跃医疗引入红杉资本，获得了大笔投资，为之后的大规模并购奠定了坚实的资金基础。随后它收购了华润万东和上械集团，这两次并购让鱼跃医疗的市值大幅提升。2015年至 2021 年，鱼跃医疗陆续收购了利康医药、上海中优医药、苏州医疗用品、深圳联普医疗等多家企业，整合了分销渠道，极大地提升了整体实力。

而除了外部投资外，鱼跃医疗在内部也开展了股权融资计划。鱼跃医疗自成立以来便对资金有着很大的需求，业绩快速增长与规模扩张对它的资金链提出了一次又一次挑战，而内部股权融资则为其资金链的正常运行提供了强有力的支持。即使是在并购扩张期，鱼跃医疗的负债率也常年维持在 15% 以下。这种强劲的内生性增长能力使外界资本对其一致看好，因此，鱼跃医疗的再融资能力也很强。

虽然鱼跃医疗才上市十余年，但是得益于它的内生性增长能力，现在它的总市值远远高于净资产。鱼跃医疗能够取得这样的成就，主要出于以下两点原因。

（1）行业技术领先，重视研发力量。鱼跃医疗自成立以来便深知技术的重要性，没有资金可以去找投资人，但若没有自己的核心技术，企业在市场上便会失去核心竞争力。所以鱼跃医疗在第一时间找到清华大学、江苏大学等高校，与其建立了研发合作关系，并建立了博士后科研工作站，充分发挥人才和技术的优势，让鱼跃医疗的研发力量得到充分增强。技术创新机制与技术创新优势保证了鱼跃医疗的产品技术水平始终处于行业领先地位。

（2）打造供销一体产业链。鱼跃医疗通过并购不断将外部企业的分销渠道融合到自己的分销体系中，使自身的营销渠道不断增加，形成产品集群优势。如此一来，不仅可以降低销售成本，还扩大了销售的范围，加速了鱼跃医疗在互联网医疗领域的布局，线上线下形成协同效应，促进企业的业绩增长，进而促进企业的市值提升。

9.1.2 外延式增长：产融结合推动市值增长

外延式增长一词来源外延扩大再生产，指通过增加生产要素的投入，扩大生产规模，进而促进经济增长。在现代企业中，外延式增长通常是以上市企业为平台，通过在其他企业中控股或参股，实现产融结合，形成以控股平台为核心的多元化产业布局。简而言之，外延式增长的核心在于对股权进行合理安排，进而提高股权收益和企业市值。

下面以知名乳品企业伊利为例，详细讲述它是如何通过产融结合进行市值管理的。

伊利董事长曾在伊利领导峰会上宣布，伊利要在 2025 年成为全球乳企前三，2030 年登顶。伊利之所以有如此大的底气，是因为伊利始终在顺应经济周期变化的前提下，不断调整自己的产业运营模式，从最初的销售单一液态奶到开展饮料、矿泉水等综合性食品业务，再到入局私募领域，伊利始终在不断探索一条属于自己的道路，如图 9-1 所示。

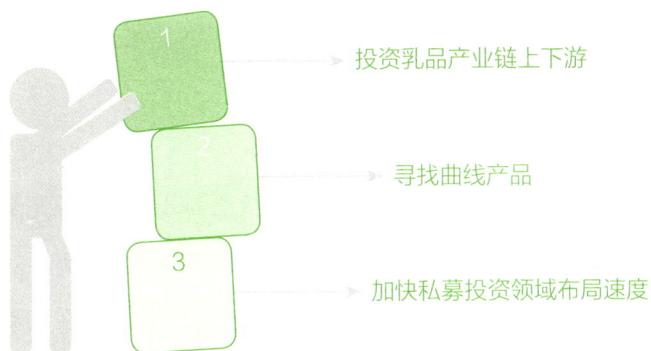

图 9-1　伊利的产融结合模式如何实现

1. 投资乳品产业链上下游

伊利作为全球知名乳品企业，在乳品领域布局多年，其投资范围覆盖乳品产业链上下游，例如智能仓储、大数据安全、快递物流等多个与乳品相关的行业。

2020 年 11 月，伊利联合小米推出了"2020 全民科学饮奶计划"。依托于双方合作研发的牛奶"白科技"应用，并借助小米的智能可穿戴设备，伊利可以随时检测人体健康综合指数，为消费者推荐符合身体需求的乳制品。

在乳品产业链上游，伊利智慧牧场通过可视化的智能设备，为奶牛提供最适宜的生产条件，全面提升奶源的质量。在乳品产业链中游，伊利引进了最新的码垛机器人，通过射频识别技术能够实现原奶无人过磅和精准存储，大大降低了成本。在乳品产业链下游，伊利引入自然语言处理技术，实时跟踪当下乳制品的流行趋势，更好地判断、满足消费者的需求。

2. 寻找曲线产品

在消费者眼中，伊利是国内数一数二的乳制品行业龙头企业。从世界范围来看，伊利还是少见的以销售液态奶为主的乳品企业。例如，雀巢也是销售液态奶起家的，但是现在雀巢最有名的反而是它的咖啡、茶饮等产品。

液态奶应该是一家乳品企业的起点，而不是它的终点。

为了进一步打开国外市场，加速全球产业融合，伊利在2019 年收购了新西兰第二大乳品企业 Westland。虽然这一次的收购让伊利进入"2019 全球最具价值乳品品牌 10 强"排行榜前三强，使伊利的品牌价值逼近 80 亿美元，但此次收购依旧是伊利在原有的液态奶业务中进行的布局。而伊利的液态奶业务已经进入存量时代，为了生存，伊利必须寻找新的出路。

所以在坚持传统液态奶业务的同时，伊利的曲线产品陆续上市。

2018 年年底，伊利投资 7.44 亿元建设吉林长白山矿泉水项目；2019 年 8 月，伊利出资收购内蒙古自治区兴安盟阿尔山市水知道矿泉水有限公司，正式进入矿泉水赛道。到了 2022 年 3 月，伊利推出茶饮新品牌"茶与茶寻"，进军无糖茶市场，主打添加了益生菌的无糖果茶。2022 年 5 月，伊利推出"one on one"宠物粮品牌，主打定制产品，为宠物提供符合其自身成长需求的宠物粮。

在其他与乳制品密切相关的领域，伊利早就开始进行投资、收购布局。例如，早在 2018 年，伊利就斥资 5 亿余元人民币收购泰国本土最大的冰激凌企业，以冰品为切入点，深入挖掘拥有 6.3 亿人口的东南亚市场；2022 年 3 月，伊利完成对澳优的收购，在羊奶粉细分赛道上试图实现弯道超车；而为了更好地在奶酪市场中参与竞争，伊利已经有了投资某奶酪企业的计划。

3. 加快私募投资领域布局速度

2019 年 7 月，伊利开始入局私募领域。伊利先以 2 000 亿元全资成立了珠海健瓴私募创业投资基金，而后又与珠海健瓴共同出资设立了风险投资基金——珠海健瓴风险投资基金合伙企业（简称健瓴基金）。健瓴基金主要关注的领域也是食品、健康相关的领域，它不仅把目光投向了初创企业，也重点关注了那些具有巨大发展潜力的还处于成长期的企业。

2020 年 1 月，伊利斥资 3 亿元认购北京晨壹并购基金 7.32% 的股份，成为其合伙人。而为了更好地管理旗下众多的私募股权基金和基金管理公司，伊利于 2020 年 8 月与珠海健瓴共同设立了健瓴（珠海）母基金合伙企业（简称健瓴母基金），2022 年 7 月，伊利旗下又注册设立了健瓴种子基金。

这两只基金先后入股、投资了很多泛消费类企业和与新技术升级相关的科技企业。而这些被投资的企业遍布乳品供应链上下游，不仅实现了阶段互补，也实现了行业互补，将资本再次赋能产能自身，实现产融结合。

9.2 合理并购：整合资源，精简结构

并购的全称是兼并收购，包括兼并和收购两种经济行为。兼并是指两家及以上的独立企业合并组成一家新企业，通常由一家规模、业务都占优势的企业吸收其他企业，兼并后的新企业以这家占优势的企业为主。收购是指一家企业通过现金、股票或债券购买的方式拥有另一家独立企业的股票或资产，从而获得对企业本身或其资产的实际控制权。

9.2.1 并购怎样影响市值管理

并购是转移企业控制权、降低进入新领域门槛、调节资源配置和提升企业竞争力的重要方法。并购这一方法由来已久，从19世纪的通用电气、雪佛兰等企业的发展，到20世纪的花旗银行飞速成长，再到20世纪末期微软、苹果等巨型企业的崛起，各行各业龙头企业的快速发展、规模扩张都离不开并购这一方法。

在当今时代，企业市值取代企业净资产成为资本市场关注的焦点。企业市值不仅决定着股东的利益大小，也影响着上市企业并购活动是否可以顺利开展。企业在进行并购活动时，在

不同的阶段进行市值管理的侧重点也不同。

1. 并购前期：提高企业市值溢价

所谓提高企业市值溢价，是指通过多种市值管理方法，对内提高企业创造价值的能力，对外提升企业在资本市场的影响，使其更容易获得资本市场的青睐，从而获得市值的溢价。简而言之，就是要让投资者相信，现在只能创造80元价值的企业，拥有创造120元价值的能力，所以只需要100元就能并购这家企业是十分划算的。

企业市值溢价可以分为主业溢价、治理溢价、形象溢价等。而相关研究显示，资本市场更愿意为那些主业务突出、企业治理结构完善、品牌形象良好的企业支付溢价，而那些主业务不明、企业治理结构落后、品牌形象差的企业很难获得溢价。

因此，上市企业可以从巩固主业务、做好企业定位、加强企业管理制度建设和打造品牌形象等方面入手，全方位增强资本市场对上市企业的运作机制的信心，从而获得企业市值溢价。

2. 并购中期：加强与投资者的沟通

并购离不开投资者的支持。假设没有投资者的支持，企业不仅会并购失败，甚至会造成自身市值下跌，所以企业与投资者之间建立良好的沟通关系是十分重要的。企业要加强与投资者的沟通，建立系统的投资者关系管理机制，这样不仅可以为企业并购建立一个持久、动态的资本补充机制，还可以为企业的融资计划提供强力支持。

企业要利用各种互联网宣传渠道与投资者建立良好的关系。对于各种并购信息，企业应该及时将其反馈给投资者，及时地对相关信息进行披露，使并购过程公开、透明，让资本市场更加了解这一过程，促进投资者对企业并购的认可。

3. 并购后期：建立敏捷的市值管理模式

所谓敏捷的市值管理模式，是指在企业市值表现不同的情况下，企业能够采取不同的市值管理方法。例如，当上市企业处于强势市场，企业市值被高估，企业就要增发新股，通过换股、注资等方式使市值回落，避免产生泡沫，影响后续发展；当企业处于弱势市场，企业市值被低估，企业就要增持、回购注资，通过这些措施提升投资者信心，为企业市值回升创造有利的环境。

在并购后期，并购企业的市值可能会随着市场的波动产生一定的起伏，此时的上市企业的财务体系和业务体系是相对脆弱的，任何突发事件都可能会给并购带来冲击，甚至导致并购失败。所以建立敏捷的市值管理模式很有必要，它能够使股价的波动贴合企业的内在价值，为并购提供一个相对稳定的环境。

以知名互联网企业字节跳动为例。相比百度、阿里巴巴和腾讯，字节跳动是近几年横空出世的互联网新秀企业，但其在短时间里就实现了全球月活用户 19 亿的目标，成为互联网行业中的黑马。

2021 年 8 月，字节跳动以 90 亿元的价格收购了 Pico。Pico 是北京小鸟看看科技有限公司旗下品牌，是国内 VR 硬件头部企业，主要产品是 VR 设备，同时为 C 端用户提供游戏、视频等服务，还为 B 端用户提供 VR 培训类服务。

而字节跳动作为主营视频类业务的企业，为何要跨行收购一家 VR 设备企业？究其原因，是因为元宇宙近几年发展火爆。为了布局元宇宙泛娱乐领域，字节跳动必须要抓住这一互联网新风口。此前字节跳动已经进行了很长时间的研发，在并购 Pico 之后，将其并入 VR 相关业务中，并集中整合资源和技术，在元宇宙产品和开发者生态方面加大投入。

字节跳动对 Pico 的并购为众多想要进行并购的企业解决以下两个关键问题：即如何系统筹划企业并购，如何选择并购方向。

首先，并购工作需要有序推进，字节跳动对 Pico 的并购至今没有全部结束。虽然并购看起来只是一个简单的买卖企业的行为，但是前期的方向选择与目标筛选是很重要的，耗费时间也比较长。在这个过程中，企业应该在市值管理方面事先做好调研，使市值管理能够在并购过程中对并购起到有效的支撑作用。字节跳动的市值突破千亿美元，由此也反映出字节跳动的市值管理比较到位。

其次，并购方向应该符合企业的战略方向。并购是围绕企业的战略目标展开的，看似字节跳动只是专注于视频平台的研发，例如，抖音就是字节跳动的主产品，但是实际上字节跳动的布局早已不仅限于视频平台这一细分赛道。字节跳动在元宇宙方向的发力，也进一步强化了资本市场对字节跳动投资路径和投资价值的认同。

9.2.2　市值管理与并购的协同效应

市值对于企业的并购活动有着重要的影响。

1. 市值与并购原因

行为经济学假设认为并购的主要驱动力是并购企业股票的市场价值，即企业市值。该假设认为市场对于企业市值的评价存在一定的偏差，并购企业会以被高估的股票价格去购买被低估的企业资产。实际上，并购就是发现并购企业的价值被错误估价后而采取的一种积极保值策略。

除此之外，并购的另一个驱动力是为了获取市值差额收益，这实际上是一种投机心理。并购本身就具有一定的财富效应，例如，某大型企业决定收购某小型企业，一旦消息放出，该小型企业的股价便会大幅上涨。很多投机资本家会利用市场的这一规律炒作，低买高卖，赚取差额。

2. 市值与换股并购

相关研究显示，换股并购的并购企业在并购活动披露前后都会受到一定的负面影响。

换股并购是指并购企业用本企业的股票置换目标企业的股票，而良好的企业市值能够提高股票的支付能力，所以目标企业也更容易接受这一并购方案。同时，换股并购也会对并购企业产生影响。因为信息不对称理论认为，只有并购企业的管理层意识到自己企业的股价被高估时，并购企业才会主动选择换股并购。所以换股并购会让投资者认为并购企业的市值之前被高估了，而换股并购后企业市值会降低。

3. 市值与现金并购

现金并购需要大量现金支持，而很多企业不具备充足的资金积累，因此需要外部融资。市值大小直接反映并购企业的融资能力。首先，在企业股本不变的情况下，市值越大，股价越高，企业融资能力越强。其次，企业市值越高，偿债能力和抗风险能力就越强，融资成本就越低，所获得的融资也就越多，并购也就进行得越顺利。

而选择现金并购的企业更容易得到投资者的认可，因此股价会有所上升，市值也会增加。

4. 市值与反收购

在目标企业不情愿的情况下，并购企业大量购入目标企业股票获得控股权的行为被称为敌意收购。这不利于上市企业的长远发展。市值现在已经成了衡量企业反收购能力的新标准，市值被低估的企业最容易遭到敌意收购。因此，市值越高，表明企业的并购能力就越强，这也意味着企业的反收购能力就越强。所以在整个并购的过程中，市值管理都会起到十分重要的作用，甚至影响并购的成败。

有效的市值管理能够降低并购成本，并购企业可以通过增发股份，缓解并购的现金压力，同时提高市值，用更少的股份支付对价。上市企业并购时通常都会牵扯到对赌条款，并购后的企业市值高低与目标企业的利益密切相关，并购后的企业市值越高越有助于并购后两家企业的融合。有效的市值管理还能够利用资本杠杆进行有效调控，缓解财务压力。

并购的类型有很多种，根据双方的行业相关性，我们可以将其划分为横向并购、纵向并购和混合并购。

以极兔快递（极兔速递有限公司）收购百世集团的国内快递业务为例。2021 年 10 月 29 日，极兔快递以约 68 亿元的价格收购了百世集团中国快递的业务，即百世快递。极兔快递与百世快递的业务量均为每日 2000 多万单，二者合并后所占快递市场份额达到 14%，极兔快递的市值也有了很大的提升。这就是典型的横向并购，即通过收购竞争对手来促进自身的发展。

横向并购能够带来良好的经营协同效应和财务协同效应。横向并购不仅可以快速扩大企业规模，还能够降低扩张成本，使企业能够进行专业领域细分，形成集约化经营，最终提高企业市场竞争力，提升企业市值。

纵向并购则是指并购企业对具有纵向合作关系的上下游企业进行并购。纵向并购能够带来正面的管理协同效应，加快企业的转型升级，促进技术转移，使企业能够迅速调整产业结构，提高企业的集成化水平，减少上下游企业对自己的制约。

例如，西门子医疗收购瓦里安医疗系统公司就是典型的纵向并购。二者同属于医疗系统行业，此前就已经在易美逊[①]（EnVision）项目中建立了长期战略合作伙伴关系，此次并购后，它们将全面构建数字化的诊断和治疗生态系统。

混合并购则是指不同行业企业间的并购行为，例如甲骨文股份有限公司（Oracle）收购医疗信息公司塞纳（Cerner）。甲骨文作为企业云服务商，通过收购塞纳这家医疗保健信息服务商，正式进入医疗保健这个垂直市场，而这也是甲骨文首次进入医疗领域。

混合并购是企业扩大细分领域、分散经营风险的绝佳策略，混合并购能够提高企业对市场的适应能力和抵御风险的能力，使企业更具竞争力。

_____

① 全世界最大的 PC 显示器生产厂商冠捷旗下的品牌。

第 10 章

长远发展：企业上市之路

企业的市值依托于企业的价值，而企业价值依托于长远的事业战略与上市规划。因此当企业市值达到一定水平后，上市便成了当务之急。本章将详解企业上市的三种方式，同时指出企业上市过程中需要注意的问题，供各大企业管理者参考。

10.1　三种方式：境内上市 + 境外直接上市 + 境外间接上市

企业上市将打开新的融资渠道，获得更多关注，有利于企业的长久发展。但上市并非易事，企业要想成功上市，不仅要关注外部环境的变化与监管动向，还要明确企业上市的方式，做好上市规划。具体而言，企业上市的方式主要有三种，分别是境内上市、境外直接上市及境外间接上市。

10.1.1　境内上市：我国企业主要的上市方式

境内上市是我国企业主要的上市方式。为何这些企业偏爱境内上市？从市盈率角度来看，境内资本市场的发行市盈率一般可达 30~40 倍，是境外资本市场的 2~3 倍。在这种情况下，企业发行同样数量的股份，可以在境内市场募集到更多资金。下面对境内上市进行具体介绍。

从股票类型上来看，境内上市主要涉及两类股票：A 股和 B 股。其中，A 股是人民币普通股票的代称。它不是实物股票，而是无纸化电子记账债券。B 股则是人民币特种股票的代称，是一种以人民币标明面值的外资股，以外币进行认购和交易。具体而言，A 股与 B 股的区别如表 10-1 所示。

表 10-1　A 股和 B 股的区别

名称	交易币种	记账方式	交割制度	涨跌幅限制	参与投资者
A 股（人民币普通股票）	以人民币认购和交易	A 股不是实物股票，以无纸化电子记账	实行"T＋1"交割制度	±10%	中国境内公司发行的供境内机构、个人以及境内居住的港澳台居民
B 股（人民币特种股票）	以人民币标明面值，只能以外币认购和交易	B 股不是实物股票，以无纸化电子记账	实行"T＋3"交割制度	±10%	港澳台以及外国的自然人、法人和其他组织，定居在国外的中国公民

从出现时间上来看，我国 A 股市场比 B 股市场诞生的早；从上市公司数量以及总市值来看，A 股远远超过 B 股。截至 2023 年 6 月底，我国 A 股市场中有 5223 只股票，A 股总市值突破 899 900 万亿元。A 股市场的发展壮大意味着我国 A 股市场实现规模化发展，与此同时，A 股加速国际化，除了纳入 MSCI 新兴市场指数、富时罗素指数两个国际指数外，外资持股市值也在不断增长。截至 2023 年 6 月底，外资持股市值达 40 000 亿元。

从交易场所来看，境内上市涉及 3 大交易场所：上海证券交易所（以下简称上交所）、深圳证券交易所（以下简称深交所）、北京证券交易所（以下简称北交所）。

上交所和深交所均成立于 20 世纪 90 年代，拥有诸多相似之处。二者的组成方式为会员制，是非营利性的事业单位。其业务范围包括 5 项，分别为：组织并管理上市证券；提供证券集中交易的场所；办理上市证券的清算与交割；提供上市证券市场信息；办理中国人民银行许可或委托的其他业务等。

北交所成立于 2021 年，组织方式为公司制，主要服务于创新型中小企业，门槛较低。例如，上海证券交易所规定，科创板上市的公司，其总市值须达到 10 亿元。而在这方面，北京证券交易所的要求为 2 亿元，门槛更低。北交所的成立为企业在境内上市提供了更多选择，加速了中小企业上市的进程。

10.1.2 境外直接上市：境内企业向境外交易所提出上市申请

境外直接上市是指企业以境内股份有限公司的名义向境外证券主管部门申请登记注册、发行股票，并向当地证券交易所申请挂牌上市交易。我们通常所说的 H 股、N 股、S 股分别指企业在香港联合交易所发行股票并上市、企业在纽约交易所发行股票并上市及企业在新加坡交易所发行股票并上市。

1. H股：注册在内地，上市在香港

H股是指那些注册在内地、上市在香港的外资股。H股为实物股票，采用"T+0"交割制度，涨跌幅无限制。通常情况下，到香港上市，从申请到发行需要7个月左右。根据香港联合证券交易所有关规定，内地企业在香港发行股票并上市应满足以下条件，如表10-2所示。

表 10-2　在香港发行股票并上市应满足的条件

项目	香港主板上市	香港创业板上市
财务要求	主板新申请人须具备不少于3个财政年度的营业记录，并须符合下列三项财务准则其中一项： 1. 盈利测试： 股东应占盈利：过去三个财政年度至少5000万港元（最近一年应占盈利至少2000万港元，及前两年累计应占盈利至少3000万港元）； 市值：上市时至少达2亿港元。 2. 市值/收入测试： 市值：上市时至少达40亿港元； 收入：最近一个经审计财政年度至少5亿港元。 3. 市值/收入测试/现金流量测试： 市值：上市时至少达20亿港元； 收入：最近一个经审计财政年度至少5亿港元； 现金流量：前3个财政年度来自营运业务的现金流入合计至少1亿港元	创业板申请人须具备不少于2个财政年度的营业记录，包括：日常经营业务有现金流入，于上市文件刊发之前两个财政年度合计至少达2000万港元；上市时市值至少达1亿港元

续表

项目	香港主板上市	香港创业板上市
会计准则	新申请人的账目必须按照《香港财务汇报准则》或《国际财务汇报准则》编制。经营银行业务的公司必须同时遵守香港金融管理局印发的《本地注册认可机构披露财务资料》	同主板
是否适合上市	必须是联交所认为适合上市的发行人及业务。如发行人或其集团（投资公司除外）全部或大部分的资产为现金或短期证券，则一般不会被视为适合上市，除非其所从事或主要从事的业务是证券经纪业务	同主板
营业记录及管理层	新申请人须在大致相若的拥有权及管理层管理下具备至少 3 个财政年度的营业记录，即在至少前 3 个财政年度管理层大致维持不变；在至少最近一个经审计财政年度拥有权和控制权大致维持不变。 豁免：在市值／收入测试下，如新申请人能证明下述情况，联交所可接纳新申请人在管理层大致相若的条件下具备为期较短的营业记录：董事及管理层在新申请人所属业务及行业中拥有足够（至少三年）及令人满意的经验；在最近一个经审计财政年度管理层大致维持不变	新申请人必须具备不少于 2 个财政年度的营业记录：管理层在最近 2 个财政年度维持不变；最近一个完整的财政年度内拥有权和控制权维持不变。在下列情况下，联交所可接纳为期较短的营业记录，或修订或豁免营业记录，但是拥有权及控制权要求维持不变。豁免范围包括开采天然资源的公司或新成立的工程项目公司

项目	香港主板上市	香港创业板上市
最低市值	新申请人上市时证券预期市值至少为 2 亿港元	新申请人上市时证券预期市值至少为 1 亿港元
公众持股的市值和持股量	新申请人预期证券上市时由公众人士持有的股份的市值须至少为 5000 万港元；无论任何时候公众人士持有的股份须占发行人已发行股本至少 25%。若发行人拥有一类或以上的证券，其上市时由公众人士持有的证券总数必须占发行人已发行股本总额至少 25%；但正在申请上市的证券类别占发行人已发行股本总额的百分比不得少于 15%，上市时的预期市值也不得少于 5000 万港元。如发行人预期上市时市值超过 100 亿港元，则联交所可酌情接纳一个介乎 15% 至 25% 之间的较低百分比	新申请人预期证券上市时由公众人士持有的股份的市值须至少为 3000 万港元；无论任何时候公众人士持有的股份须占发行人已发行股本至少 25%。若发行人拥有一类或以上的证券，其上市时由公众人士持有的证券总数必须占发行人已发行股本总额至少 25%；但正在申请上市的证券类别占发行人已发行股本总额的百分比不得少于 15%，上市时的预期市值也不得少于 3000 万港元。如发行人预期上市时市值超过 100 亿港元，则联交所可酌情接纳一个介乎 15% 至 25% 之间的较低百分比
股东分布	持有有关证券的公众股东须至少 300 人；持股量最高的三名公众股东实益持有的股数占证券上市时公众持股量不得超过 50%	持有有关证券的公众股东须至少 100 人；持股量最高的三名公众股东实益持有的股数占证券上市时公众持股量不得超过 50%

续表

项目	香港主板上市	香港创业板上市
主要股东的售股限制	上市后 6 个月内不得售股，其后 6 个月内仍要维持控股权	管理层股东必须接受为期 12 个月的售股限制期，在这一期间，各持股人的股份将由托管代理商代为托管。高持股量股东则有半年的售股限制期
竞争业务	公司的控股股东（持有公司股份 35% 或以上者）不能拥有可能与上市公司构成竞争的业务	只要于上市时并持续地做出全面披露，董事、控股股东、主要股东及管理层股东均可进行与申请人有竞争的业务（主要股东则不需要做持续全面披露）
信息披露	一年两度的财务报告	按季披露，中期报和年报中必须列示实际经营业绩与经营目标的比较
包销安排	公开发售以供认购必须全面包销	无硬性包销规定，但如发行人要筹集新资金，新股只可以在招股章程所列的最低认购额达到时方可上市

企业以香港为上市地的优点包括以下几个方面。

（1）有助于企业建立国际化运营平台。香港基础设施完善、税率相对较低，同时没有外汇管制，资金流出流入不受限制。这些条件都有助于企业建立国际化运作平台，实施"走出去"战略。

（2）香港有健全的法律体制。香港的法律体制较为健全，为上市融资奠定了坚实的基础，也增强了投资人的信心。

（3）接受国际会计准则。香港证券交易所不仅接受《香港财务报告准则》及《国际财务报告准则》，特殊情况下还要接受发行公司采用美国公认会计原则及其他会计准则。

（4）再融资便利。在香港上市 6 个月之后，上市公司就可以进行新股融资。

（5）交易、结算及交收措施先进。香港的证券及银行业以健全、稳健著称，交易所拥有先进且完善的交易、结算及交收设施。

2. N 股：注册在内地，上市在纽约

N 股是指那些注册在内地、上市在美国纽约证券交易所的外资股。美国有三大证券交易所，分别为纽约证券交易所、美国证券交易所、纳斯达克证券交易所。以在纽约证券交易所上市为例，企业需要满足以下条件，如表 10-3 所示。

表 10-3　纽约证券交易所对非美国公司的上市要求

项目	纽约证券交易所上市
财务要求	上市前两年，每年税前收益为 200 万美元，最近一年税前收益为 250 万美元；或三年必须全部赢利，税前收益总计为 650 万美元，最近一年最低税前收益为 450 万美元；或上市前一个会计年度市值总额不低于 5 亿美元且收入达到 2 亿美元的公司：三年调整后净收益合计 2500 万美元（每年报告中必须是正数）

续表

项目	纽约证券交易所上市
最低市值	公众股市场价值为 4000 万美元；有形资产净值为 4000 万美元
最低公众持股数量和业务记录	公司最少要有 2000 名股东（每名股东拥有 100 股以上）；或 2200 名股东（上市前 6 个月月平均交易量为 10 万股）；或 500 名股东（上市前 12 个月月平均交易量为 100 万股）；至少有 120 万股的股数在市面上为投资人所拥有（公众股 120 万股）
企业类型	主要面向成熟企业
会计准则	美国公认会计原则
信息披露规定	遵守纽约证券交易所的年报、季报和中期报告制度
其他要求	对公司的管理和操作有多项要求；详细说明公司所属行业的相对稳定性，公司在该行业中的地位，公司产品的市场情况

企业在美国上市的优势包括以下两个方面：

一方面，赴美上市使企业的价值证券化，有利于股东计算自己的财富。美国的资本市场不区分流通股与非流通股。上市后，大股东只要根据股票交易价格乘以持有的股数，就能计算出自己财富的价值。如果大股东想要退出和变现，只需要委托证券交易商即可将股票卖出。

另一方面，美国的上市标准公开透明，操作有章可循。对于企业上市发行股票，美国资本市场采用的是注册制，上市过程相对便捷。企业只要找到合格的保荐机构以及合适的中介机构完成审计、法律等工作，就可以成功发行股票。此外，我国境内上市的通过时间往往需要 1 年以上，赴美上市的通过时间一般为 9 至 12 个月，所需时间更短。

3. S 股：注册在内地，上市在新加坡

S 股是指那些主要生产或者经营等核心业务在中国大陆，注册在内地，上市在新加坡证券交易所的外资股。新加坡证券交易所对国外公司的上市要求如表 10-4 所示。

表 10-4　新加坡证券交易所对国外公司的上市要求

项目	新加坡主板	新加坡创业板
营运记录	须具备三年业务记录，发行人最近三年主要业务和管理层没有发生重大变化，实际控制人没有发生变更；没有营业记录的公司必须证明有能力取得资金，进行项目融资和产品开发，该项目或产品必须已进行充分研发	有三年或以上连续、活跃的经营记录；所持业务在新加坡的公司，须有两名独立董事
盈利要求	1. 过去三年的税前利润累计 750 万新元（合人民币 3750 万元），每年至少 100 万新元（合人民币 500 万元）；2. 或过去一至二年的税前利润累计 1000 万新元（合人民币 5000 万元）；3. 或三年中任何一年税前利润不少于 2000 万新元且有形资产价值不少于 5000 万新元；4. 或无赢利要求	并不要求一定有盈利，但会计师报告不能有重大保留意见，有效期为 6 个月
最低公众持股量	至少 1000 名股东持有公司股份的 25%，如果市值大于 3 亿，股东的持股比例可以降低至 10%	公众持股至少为 50 万股或发行缴足股本的 15%（以高者为准），至少 500 个公众股东

续表

项目	新加坡主板	新加坡创业板
最低市值	8000 万新元或无最低市值要求	无具体要求
证券市场监管	如果公司计划向公众募股，该公司必须向社会公布招股说明书；如果公司已经拥有足够的合适股东，并且有足够的资本，无须向公众募集股份，该公司必须准备一份与招股说明书类似的通告交给交易所，备公众查询	全面信息披露，买卖风险自担
公司注册和业务地点	自由选择注册地点，无须在新加坡有实质的业务运营	所持业务在新加坡的公司，须有两名独立董事；业务不在新加坡的控股公司，须有两名常驻新加坡的独立董事，一位全职在新加坡的执行董事，并且每季召开一次会议
会计准则	新加坡或国际或美国公认的会计原则	无

企业到新加坡上市的优势主要体现在以下几个方面：

（1）新加坡市场对制造业，尤其是高科技企业的认可度更高，因此这类企业的股价较高。

（2）在新加坡上市售股，可以选择发售新股或由股东卖出原有股份。企业上市后也能够根据自身业务发展的需要及市场状况，自由决定在二级市场上再次募集资金的形式、时间和数量。

（3）新加坡对外汇及资金流动不设管制，发行新股及出售旧股所募集的资金可自由流入和流出。

上市对企业的意义重大，企业需要根据公司的具体情况慎重考虑选择在哪一个市场上市。

10.1.3　境外间接上市：通过借壳方式实现境外上市

境外间接上市即境内企业海外"借壳上市"。境内公司与境外上市公司的联系是资产或业务的注入、控股。境外借壳上市包括两种模式：一是境外买壳上市、二是境外造壳上市。两种模式的本质都是将境内公司的资产注入壳公司，达到国内资产上市的目的。

1. 境外买壳：收购海外上市公司

境外买壳上市行为中有两个主体，一个是境内公司，另一个是海外上市公司。首先，境内公司需要找到合适的海外上市公司作为壳公司。其次，境内公司完成对海外上市壳公司的注资，获得其部分或全部股权。这样境内公司就实现了海外间接上市的目的。

对于买壳上市的公司来说，找到一个合适的壳公司是成功上市的关键。理想的壳公司应该具有以下 4 个特点。

（1）规模较小，股价较低。这可以降低购买壳公司的成本，有利于收购成功。

（2）壳公司的股东人数在 300~1000 人之间。股东如果在 300 人以下，则公众股东太少，没有公开交易的必要；如果股东超过 1000 人，那么公司需要与这些人联系并递交资料报告，无形中增加了成本。另外，股东太多会给收购制造更多的困难。

（3）最好没有负债，如果有，一定要少。负债越多，收购成本就越高。

（4）壳公司的业务要与拟上市业务接近，结构越简单越好。

2. 境外造壳：海外注册中资控股公司

境外造壳上市是指境内公司在境外证券交易所所在地或其他允许的国家与地区开一家公司，境内公司以外商控股公司的名义将相应比例的权益及利润并入海外公司，以达到境外上市的目的。

境外造壳上市的优势主要包括以下两个方面：

一方面，与直接境外上市相比，境外造壳上市所用时间更短。与企业直接在境外上市相比，造壳上市的实质是以境外未上市公司的名义在当地证券交易所申请挂牌上市。这样避免了直接境外上市过程中遇到的中国和境外上市地法律相互抵触的问题，有效节省了上市时间。

另一方面，与境外买壳上市相比，境外造壳上市能够构造出更符合公司需求的壳公司。在境外购买壳公司是从现有上市公司中选择出最适合自己公司的那一个，而境外造壳上市则是直接在目的地设立壳公司，然后申请上市。相对来说，拟上市公司在造壳上市过程中能够充分发挥主动性，上市的成本和风险相对较小。

此外，境外造壳上市也存在一些缺陷。由于境外证券管理部门对公司的营业时间有要求，所以从境外注册公司到最终上市需要经过数年时间。

10.2　上市内容详解

除了需要了解上市方式外，企业还需要了解上市的规则与标准，为上市做好准备。

10.2.1　上市规则：核准制 vs 注册制

企业股票发行上市涉及三种制度，分别是审批制、核准制和注册制。其中，审批制是股票市场发展初期采用的制度，现在已经不再采用。从全球范围来看，国家的发达程度越高，股票市场越趋向成熟，越会采用注册制，其他绝大多数国家采取的是核准制。

1. 注册制

注册制更利于市场三大功能的发挥。注册制指的是证券监管部门首先将企业股票发行上市的必要条件制成法律文件公布出来，然后在上市审核中负责审查发行人（拟上市公司主体）提供的材料和信息是否满足要求。

在注册制之下，如果企业满足了所公布的条件，就可以发起申请。发行人申请发行股票时，需要依法将公开的各种资料完全准确地向证券监管机构申报。证券监管机构承担监管职责，对申报文件的完整性、准确性、真实性和及时性做合规审查。至于发行公司的质量，则由证券中介机构来判断。注册制对发行公司、证券中介机构和投资人的要求都比较高。

传统的股票发行管理制度有三个劣势。第一，对定价、交易的过多干预不利于市场价格发现功能的实现；第二，行政手段控制发行节奏不利于市场融资功能的实现；第三，上市门槛过高，审核过严，不利于市场资源配置功能的实现。

与之相对应的，注册制的发行成本低、上市效率高、对社会资源的耗费少，有利于资本市场更好地发挥价格发现、融资、资源配置等三大基础功能。

2. 核准制

核准制不等于非市场化。部分业内人士认为，我国新股发行后价格持续上涨的原因是企业供应少，而供应少则是因为核准制的非市场化特征，因此必须采取注册制才能解决这一问题。

事实上，这种说法并不准确。以美国和英国为例，虽然采用不同的审核制度，但两国的证券市场都十分发达，市场化程度也不相上下。由此可见，选择核准制还是注册制并不仅由市场成熟程度决定，而是具有一定的历史背景和现实原因，是监管理念、市场分布以及控制层次等多种因素共同作用的结果。因此，两者没有优劣之分，只有适合与否。

无论是核准制，还是注册制，是否市场化的标准在于市场买卖双方能否实现真实意愿的表达。比起注册制对市场完善程度以及发行人自律能力的超高要求，核准制更适合在市场经济发育不够完善的情况下维护市场秩序。推行注册制是最终的结果，但前提是市场环境达到要求后逐步完善。可以说，是不同市场的不同特征最终决定股票发行方式。

目前，我国的科创板已经进行了注册制改革，为更多独角兽企业的上市提供了便利。我国核准制与注册制的对比如表10-5所示。

表 10-5　注册制和核准制对比

对比项目	核准制	注册制
股票市场	主板、中小板、创业板、新三板	科创板

续表

对比项目	核准制	注册制
指标和额度	无	无
上市标准	有	有
主要推荐人	中介机构	中介机构
对发行做出实质判断的主体	中介机构和中国证监会	中介机构
发行监管制度	中介机构和中国证监会（发审委）分担实质性审核职责	中国证监会形式审核，中介机构实质审核
市场化程度	逐步市场化	完全市场化
发行效率	一般	高
制度背景	市场化程度不够高，金融市场趋向成熟，制度趋向完善，监管主体比较严格，效率逐渐提高，发行人和中介机构较自律，投资人素质逐渐提高	国家市场化程度高，金融市场更加成熟，制度更加完善，监管主体严格有效，发行人和中介机构更自律，投资人素质更高

10.2.2　上市标准：满足上市条件

从企业自身来看，要想上市成功，企业必须要满足上市的条件。具体而言，企业需要满足以下条件。

1. 法律方面

《中华人民共和国证券法》第四十七条规定："申请证券上

市交易，应当符合证券交易所上市规则规定的上市条件。证券交易所上市规则规定的上市条件，应当对发行人的经营年限、财务状况、最低公开发行比例和公司治理、诚信记录等提出要求。"

2. 财务方面

（1）企业资产情况良好：负债结构合理、赢利能力强、具有充足的现金流等。

（2）会计工作和内部控制：企业会计工作必须规范运作、企业内部控制有效。

（3）依法纳税：企业在经营过程中依法纳税，享受的税收优惠符合法律规定，同时企业经营成果对税收优惠政策不存在严重依赖。

（4）关联交易：企业要全面披露关联方关系，按重要性原则披露关联交易，保证关联交易公平、公正且不存在通过关联交易操纵利润的情况。

3. 企业自身发展情况和规范性

（1）公司的主体资格：以组织形式划分，公司包括有限责任公司和股份有限公司。只有股份有限公司才具备上市条件。因此，有限责任公司需要改制为股份有限公司才能够上市。

（2）公司的经营状况：公司须持续经营 3 年以上。有限责任公司按原账面净资产折股，改制为股份有限公司后，经营期限可以连续计算。同时，公司近 3 年的主营业务、高级管理人员等均未发生重大变化。

（3）公司的独立性：公司需要在是否被大股东非法控制、是否侵犯了中小股东的权益等方面进行相关规范。

（4）公司规范运行：公司已经设立了股东大会、董事会、监事会等机构，同时制定了相应的议事规则，确保公司能够按照制度规范运行。

企业上市是一项复杂的工作。在上市之前，企业需要从多方面进行调整，达到上市所要求的标准。这是企业开展上市工作的前提。

第 11 章

兼顾平衡：构建市值管理长效机制

市值管理从企业的战略出发，试图建立一种长效机制，并在平衡短期战略和长期战略的同时，追求市值的最大化。当我国进入全流通时代后，市值管理的地位就不断攀升，其内容也从净资产分析逐渐扩大到投资者关系管理、危机公关等多个方面。当然，这也意味着，市值管理措施正在进一步丰富和完善。

11.1　成败之举：投资者关系管理

优秀的企业通常都十分重视投资者关系管理，会主动地与投资者建立亲密的伙伴关系。这种关系一旦建立，投资者就会本着"只帮忙，不添乱"的原则为企业做贡献。有些投资者甚至会有主人翁意识，能够设身处地维护自己和企业的利益，从而推动企业的市值实现进一步提升。

11.1.1　投资者关系管理的战略意义

投资者关系的含义较为广泛，既包括了上市企业和拟上市企业与股东、债权人和潜在投资者之间的关系，也包括在与投资者沟通过程中，上市企业与资本市场各类中介机构之间的关系。投资者关系管理工作包括以下几个方面：

（1）以企业经营发展战略为目的完善、改进投资者关系管理体系，把信息准确、及时地传递给投资者。

（2）拓宽和投资者的沟通渠道，把握资本市场要求，构建企业的投资者文化。

（3）把握股权和债权投资者对企业的不同偏好，和不同类型的投资者进行有针对性的沟通，在投资者市场锁定目标投资者，打造一个与企业业务发展目标、价值观一致的目标投资者群，形成股票、市场评价和企业业务发展之间的良性互动。

（4）建立高效的投资者关系团队，使投资者关系负责人能较为容易地接近企业决策层，这样，投资者关系负责人能够迅速理解经营者的理念和意图，并将这些及时传递给投资者，同时把投资者的意见反馈给企业。

投资者关系管理会加强企业与市场相关主体的交流，并在此基础上实现融资成本最低和收益最大化的目标，为企业价值增长创造良好的市场氛围。投资者关系管理模式主要有以下三个方向。

（1）在企业内部设立投资者关系管理部门。该模式可以实现投资与业务的良好对接，有效地对企业面临的问题对症下药，实现投资关系管理的目标。

（2）将投资者关系管理事项进行外包。该模式可以弥补企业在投资者关系管理领域的不足，节约时间和成本。

（3）前两种模式结合。混合模式可以发挥自我管理与外部管理的优势，达成投资者关系管理的目标。

例如，Air Sensors 就通过投资者关系管理活动，重新树立了企业形象，取得了显著成效。Air Sensors 是燃料系统供应商，但是品牌并不被重视。Air Sensors 发起股票融资的目的是为了偿还贷款，但是大部分投资者都不看好该企业，认为其经营领域较为单一，因此并不重视 Air Sensors 的融资计划。为了改变这种局面，Air Sensors 聘请了专业的公关企业重新树立企业形象，从"燃料系统供应商"转变为"环保卫士"，提升了投资者对企业的兴趣。

公关企业对 Air Sensors 进行了相关背景调查，发现华尔街对 Air Sensors 存在误解。然后公关企业与 Air Sensors 的高层管理人员进行详谈，将外界的误解与高管人员对企业的理解进行对比。在此基础上，公关企业为 Air Sensors 制订了投资者关系管理计划，受众是企业的原股东和有意向的机构投资者，目的是重新打造企业形象，吸引公众注意，实现股票发售。

公关企业具体实施了以下操作：

（1）公关企业先与 Air Sensors 的高管层进行详谈，对企业现状进行深入了解；

（2）向 2500 个投资界的重要投资者发放增发招股书；

（3）公关企业在十几个城市安排演讲和见面会；

（4）主动联络国内财经媒体；

（5）每隔 3~5 周向重要的分析师、相关经纪人和基金经理发送宣传文章和企业公告；

（6）制作符合 Air Sensors 形象的年报，背景为蓝天白云，向投资者传达环保理念。

通过公关企业的实践，Air Sensors 的投资者关系管理工作得到了进一步完善，Air Sensors 也因此获得了多方面的好处。

（1）Air Sensors 的股票价格从每股 4.5 美元，一年后上涨为每股 12.75 美元，之后的一年又上涨到每股 14 美元，认股权证价格从每股 0.5 美元上涨至每股 3.5 美元，交易量也上涨至 670 万份。

（2）又有 10 家新的机构持有 Air Sensors 的股票。

（3）不同研究机构出具了 Air Sensors 的研究报告。

（4）市盈率高于行业平均水平的 63 倍，市值也从 1800 万美元上涨到 5100 万美元，上涨趋势持续了一年。

（5）股票增发成功，企业顺利还清了贷款，赢利也明显回升。

尽管随着证券市场的壮大，投资者关系（IR）以及投资者关系管理（IRM）的理念不断得到深化，我国的一些企业也开展了一部分属于 IR 范畴的工作，例如，在报刊和网站上公布企业的年报、中报，公布股民咨询电话以及委派专人回答股民提问，不定时开展路演，网上直播新股发行吸引股民投资，但目前 IR 以及 IRM 在我国还处于发展阶段。

未来，随着我国证券市场的不断发展和规范，投资者投资理念的逐渐转变，我国上市企业也将不断完善投资者关系管理，提高与投资者和中介机构之间的沟通效率。

11.1.2 如何制定投资者关系管理战略

投资者关系管理的战略意义并不仅是使企业在个别资本运作中获得竞争优势，其真正的战略意义在于投资者关系能为企业培育可持续的竞争优势，而这正是企业战略的核心。投资者关系管理战略不是只有上市企业或拟上市企业需要，它实际上贯穿于企业发展的各个阶段。

在企业的管理领域中，企业战略的制定应以设立远景目标为前提，对企业的发展进行总体性、指导性的规划。投资者关系管理也是上市企业的重要职能，应被纳入企业战略管理的范围之内。投资者关系管理战略作为企业的未来规划，对于企业的发展十分重要，那么企业要如何制定投资者关系管理战略呢？

1. 随企业总体战略的调整而调整

投资者关系管理战略是企业整体战略的一部分，因此必须要保证这两方面的协调一致性。企业要明确具体做什么，在行业中的地位、优势以及未来发展方向等战略性问题，只有先明确了这些问题，企业设立的投资者关系管理战略才能与企业的整体战略相匹配，并取得实际效果。

2. 研究市场

市场的变化会对企业的股价产生巨大影响。因此，企业要充分了解市场的变化，例如宏观调控政策、市场需求等，以及市场变化对企业经营的影响，将这些信息主动传达给投资者，并向投资者说明企业的应对措施，以此向投资者做出保证，树立信心，创造宽松的企业发展环境。

3. 对企业的产业、经营和财务状况进行分析

企业管理者要对企业的产业、经营和财务状况进行分析，并有针对性地将分析得出的结果展示给投资者，帮助投资者了解企业的发展前景。除此之外，对企业的产业、经营和财务状况进行分析还能明确企业的过往业绩，有助于企业确定目标，同时还能帮助企业制定更加切合实际与需要的投资者关系管理战略。

明确了投资者关系管理的现状，企业才能找到更加贴合需要的战略方向。企业具体可以通过以下几个方面分析投资者关系管理的现状。

（1）分别调查中小投资者和机构投资者；

（2）搜集财经记者、媒体的报道，确定媒体对企业的关注程度和深度，并进行比较；

（3）分析企业成交量、股价走势、投资者持股比例变化；

（4）统计分析师对企业的研究和调研次数。

企业在制定投资者关系管理战略时，需要遵循实事求是的原则，不要过分追求热点，以免让投资者误认为企业空有其表，

对企业产生反感情绪。

另外，与任何投资者建立关系都不是一蹴而就的。想要提升与投资者的关系，企业需要坚持与投资者在多领域进行沟通，建立顺畅的沟通渠道和融洽的沟通氛围。

11.1.3 如何执行投资者关系管理战略

在企业进行投资者关系管理的过程中，最重要的一项工作是如何执行投资者关系管理战略。在执行投资者关系战略之前，企业要先明确目前存在的问题，再有针对性地执行战略。目前上市企业在投资者关系管理方面遇到的问题，如图 11-1 所示。

图 11-1　上市企业在投资者关系管理方面遇到的问题

（1）对投资者关系管理的重视程度不够。以投资者服务中心发函的行权工作为例，一些上市企业基本上不回应投资者的问题。

（2）没有建设专业队伍。很多上市企业的投资者关系管理相关工作没有相应的部门承担，只是以定期向社会公布财务报表的方式和投资者互动，但实际上投资者关系管理还应该包含对法律、财务和行业知识的分析等内容。

上市企业具体可以从以下几个方面入手执行投资者关系管理战略。

1. 建立有效的投资者关系管理制度

为了解决企业专职的投资者关系管理人员相对较少的问题，首先，企业要在制度上明确投资者关系管理的职责，落实到人；其次，企业要设置投资者关系管理岗位，并逐步充实投资者关系管理专业人员；最后，企业还要推出投资者关系管理联系人制度，将投资者关系管理的职能延伸到分支机构。

2. 保证投资者关系管理的专业性

投资者关系管理的工作内容涉及环节过多，影响广泛，专业性较强。董事会秘书办公室可以加强对相关人员的专业培训，组织相关人员参加行业内重要会议，使他们掌握企业当前的经营情况和宏观政策等内容，提高相关人员的专业能力。

3. 不断创新、拓宽与投资者沟通的渠道和方式

上市企业可以在网上设立投资者关系管理工作专区，利用企业微信、微博、App等互联网工具与投资者互动。

4. 培育良好的投资者关系管理文化

在规范、充分的信息公开的基础上，企业管理人员通过与投资者和分析师对企业战略规划、企业治理方式、经营业绩标准等进行双向及时沟通，形成良好的投资者关系管理文化，提升企业品牌形象。

11.2 危机公关：维护企业形象

对于企业来说，合规经营始终是一个不可逾越的底线，同时也是保障自己可以长期健康发展的有效抓手。但任何企业都有可能遇到突发事件，如果企业没有处理好这些事件，那么就会对自身形象和市值造成严重影响。

因此，企业必须加强危机意识，进一步提升公关能力，确保当突发事件来临时可以很好地应对。本节从危机公关的核心内容入手，详细介绍企业进行危机公关的关键点，包括建立应急处理机制、注重政府关系等。

11.2.1 危机公关的核心内容

危机公关是指上市企业在面临各种突发事件时，针对企业形象危机和整体运转问题运用公关手段采取的一系列应对措施和管理策略。危机公关作为投资者关系管理的重要组成部分，越来越受到上市企业的重视和关注，危机公关管理的作用也越来越重要。

调研结果显示，在上市企业中突发的致命危机主要有两个：一是企业家自身出现问题，如因涉嫌犯罪而被采取刑事强制措施；二是资金链断裂，如企业因对外投资失败、应收账款长期无法收回导致流动资金不足，入不敷出。

因此，危机公关的核心内容应当是针对这两个致命危机做出灵活应对的措施。企业家自身如果没有出现问题，就要及时澄清；如果真的出现问题，企业要及时、妥善地处理问题，必要时可召开新闻发布会，挽救企业形象。至于资金链断裂问题，企业一定要从源头预防，如果已经出现资金链断裂的情况，企业一定要积极采取措施，承担企业责任，将资金链断裂对股东、社会的影响降到最低。

某媒记者曾撰写了一篇有关北京一家即将上市的企业的负面文章在报纸上刊登。该企业董事会秘书知道此消息后，紧急汇报给董事长，并立即核查相关事件的真实性，核查之后发现该报道严重失实。第二天，董事会秘书到报社向总编辑讲述真实事件，指出报道严重失实的地方，并提供原始依据供该报记者核实。董事会秘书还对记者提出的问题进行说明和解释，最终消除了该报以及该记者的误解，失实报道文章被报社主动撤除，企业上市前突发的形象危机也得以化解。由此可见，危机公关对于企业形象的维护非常重要。如果该企业对该报道置之不理，那么这样的负面文章很有可能给企业的声誉带来不良影响。

中国上市企业市值管理研究中心专家认为，目前资本市场存在这样的问题：上市企业对商品市场的品牌意识虽增强，但对于资本市场的品牌建设工作却做得不到位。这一点在大小非解禁的应对管理方面非常明显。根据数据统计，仅有不到半数的上市企业就大小非解禁与投资者进行过直接沟通，而大部分上市企业由于缺乏公关意识，导致市值受到不良冲击。

其实在进行投资者关系管理的过程中，企业需要处理的危机事件很多，例如买空方攻击企业财务丑闻或者漏缴税款之类的问题，虽然这些危机事件对企业的经营没有太大影响，但因为直接关系到企业赢利情况的真实性，所以资本市场会出现波动，这时就需要公关人员下功夫进行公关。

11.2.2　上市企业应该如何进行危机公关

资本市场同时也是信用市场，投资者的信心受损后很难恢复，所以企业更需要格外警惕危机事件，及时做好危机公关。投资者非常精明，在他们面前弄虚作假或对问题熟视无睹，最终只会让企业的市值受到严重损失。那么，在出现危机事件时，上市企业具体应该如何进行危机公关？

1. 建立应急处理机制

上市企业应建立健全应急处理机制，及时化解危机，减少企业的损失。这也是企业内部控制制度的重要内容。

2. 遵守相关法律法规

必要时企业可根据《中华人民共和国企业破产法》的有关规定，向人民法院申请和解或破产重组，以避免企业财产遭到查封或先予执行，使企业无法进行正常的经营活动。

3. 注重投资者关系

一般来说，投资者非常重视企业的发展战略、技术实力、产品结构、市场竞争策略、财务状况等信息。因此，如果企业在这些方面做不到信息透明，就会埋下隐患。

投资者比普通消费者更为专业，这要求企业负责危机公关的相关人员也必须具备丰富的专业知识和较强的专业能力。

例如，某酒业公司的董事会秘书在进行危机公关的过程中，以自身不是财务出身、对相关财务问题不了解为由，没有很好地回应投资者的质疑，导致投资者对企业的信任度降低。

相比较而言，另一家企业就为危机公关做了充足准备。该企业公关团队的结构更为合理，不仅成员本身具有丰富的证券事务经验和法律事务经验，最核心的人员也是财务出身，在下属企业有过多年财务总监经验。这样的人员配置使得该企业的危机公关团队可以解答投资者的很多专业问题，加强投资者对企业的信心。

4. 重视消费者

从股东角度来说，消费者也有可能成为上市企业的股东，因此上市企业也需要重视消费者。

某饮料企业就是通过对消费者的重视，成功渡过了危机。比利时和法国的一部分儿童曾在饮用了该企业的饮料后出现中毒症状。一周后，比利时政府严令禁止本国销售该企业生产的各类饮料。

该企业的首席执行官在中毒事件发生后立即从美国赶到比利时首都布鲁塞尔举行记者招待会。会场为每一位记者都提供了一瓶该企业的饮料。会上，该企业的首席执行官反复强调，尽管他们的饮料眼下出现了这样的问题，但他们还会继续坚持为广大消费者生产一流的饮料。然而现场，大部分记者都没有饮用这瓶饮料。

这次的记者招待会只是该企业危机公关工作的开始。该企业的首席执行官还在比利时的各大报纸上刊登致消费者的公开道歉信，信中分析了事故的原因，做出安全承诺，并提出向比利时每户家庭赠送一瓶饮料，表示对此次事件的歉意。随后该企业宣布收回比利时同期上市的所有饮料，尽快宣布饮料的调查化验结果及影响范围，及时向消费者兑现退赔承诺，同时报销所有中毒顾客的医疗费用。

除此之外，该企业还开设了专门网页，回答比利时消费者对于中毒事件提出的各种问题，例如中毒事件的影响范围、如何获得退赔等。除比利时外的其他地区的负责人，同时宣布其产品与中毒事件无关，市场销售正常，及时遏制了危机持续扩大蔓延。

随着危机公关的深入和扩展，该企业的社会形象逐渐恢复。中毒事件平息后，由该企业生产的饮料再次出现在比利时和法国的商店中。通过该企业的危机公关案例可以看出，企业在应对危机公关时，除了要做好解释和补救措施外，还要有及时的反应，尽早处理问题。

第 **12** 章

正确认知：管市值就是
管财务

有人说："管市值就是管财务"，这个观点其实有一定的道理。具体来说，股东可以根据财务报表判断出企业的大致市值，也可以通过建立完善的财务评价体系，对企业未来的财务情况和市值进行预估。

由此可见，在管市值的过程中，财务的重要性不容忽视。企业应该采集并分析财务数据，将各类财务要素配置到正确的地方。

12.1 财务报表：经营数据的主要载体

财务报表中蕴含着大量经营数据，这些经营数据是股东判断企业内在价值和市场价值的重要依据。市值管理离不开财务报表的支撑，各大企业必须做好历史数据分析，并深入了解财务报表的相关内容，如财务报表的组成部分和重要作用。

12.1.1 分析历史数据

企业对历史数据进行分析，可以更好地了解企业过去、现在的经营成果以及财务状况。数据反映的情况可以帮助企业更准确地规划企业的未来发展。常用的数据分析方法有以下几种。

（1）比较分析：分析财务信息之间的数量关系和数量差异，展现未来发展趋势。这种分析方法包括实际与计划相比、本期与上期相比、与同行业的其他企业相比等。

（2）趋势分析：揭示企业的财务状况和经营成果的变化及

其原因、性质，预测企业未来。

（3）因素分析：借助分析不同数据之间差异的方法分析相关因素对财务指标的影响情况。

（4）比率分析：在设计或选择财务比率时，应该遵循以下两个原则：

第一，财务比率的分子和分母的数据出自同一企业、同一期间的财务报表，但也不必是同一张报表；

第二，财务比率的分子与分母的数据间应有逻辑关系，如因果关系等，以此保证所计算的财务比率能说明问题，即比率具有财务意义。

例如，京东（北京京东世纪贸易有限公司）的财务报表显示了其总营收额增长情况。2018 年，京东的总营收额为 4620 亿元，增长率为 27.51%；2019 年，总营收额为 5769 亿元，增长率为 24.86%；2020 年，总营收额为 7458 亿元，增长率为 29.28%；2021 年，总营收额为 9516 亿元，增长率为 27.6%；2022 年的总营收额还未公布。

再如，2018 年，阿里巴巴的总营收额为 2503 亿元，增长率为 58%；2019 年，总营收额为 3768 亿元，增长率为 51%；2020 年，总营收额 5097 亿元，增长率为 35%；2021 年，总营收额 7173 亿元，增长率为 41%；2022 年，总营收额为 8531 亿元，增长率为 19%。

阿里巴巴的财年范围是指前一年的第二、三、四季度和本年的第一季度。例如 2022 的财年范围是 2021 年 4 月 1 日至 2022 年 3 月 31 日。

从以上数据中，我们可以看到阿里巴巴和京东的营收额不相上下，阿里巴巴的增长速度略快于京东。

那么历史数据如何为企业经营指明方向呢？具体体现在以下几个方面，如图 12-1 所示。

图 12-1　历史数据为企业经营指明方向

1. 梳理企业战略规划

历史数据是对企业过去已经制定的战略规划的检验，是绩效考核的参考指标。同时，历史数据也是明确企业未来发展趋势，规划未来 3~5 年战略目标的基础。

2. 为经营决策提供重要参考

企业管理者可以建立相关的目标动态分析模型，将历史数据代入模型进行公开、量化的分析研讨，从而根据往年数据对现有产能进行客观评估，确定相关指标的发展趋势，降低企业经营目标制定中人为因素的影响。

3. 制定及分解经营目标

通过整合历史数据，企业可以确定现状与总体计划之间存在的差距，进而对企业能力、可整合的资源进行评估，制定更合理的企业经营目标。在确立经营目标后，企业可以根据历史数据对目标进行分解，制定每个部门的目标、评价指标体系及考核激励办法，鼓励全体员工尽快完成目标。

12.1.2　财务报表的组成部分

一套完整的财务报表包括企业资产负债表、利润表、现金流量表、企业所有者权益变动表（或股东权益变动表）和财务报表附注，其中较为重要的是企业资产负债表、利润表以及现金流量表。

企业资产负债表主要反映企业在特定时间内的资产情况、负债情况以及所有者权益三方面内容。其中，资产是指企业所拥有或掌握的资源或财产，负债是指企业应当支付的全部债务的总和，所有者权益是指企业资产扣除负债后，企业所有者享有的剩余权益。企业资产负债表可以显示出企业资产的结构。

资产负债表是基础的财务报表，可以体现出企业的基本情况，现金流量表和利润表都是在资产负债表数据的基础上分析得出的。

在资产负债表中，资产类应当单独列示的项目，包括货币资金、应收及预付款项、存货、固定资产。资产类应当包括流动资产和非流动资产的合计项目。

负债类应当单独列示的项目，包括短期借款、应付及预收款项、应付职工薪酬、应交税费、应付利息。负债类应当包括流动负债、非流动负债和负债的合计项目。

所有者权益类应当单独列示的项目，包括实收资本、资本公积、未分配利润。所有者权益类应当包括所有者权益的合计项目。

利润表是反映企业在一定会计期间的经营成果的财务报表。下面是利润表的主要编制步骤。

（1）以营业收入为基础，除去营业成本、营业税金及附加费用以及销售、管理、财务费用的损失，加上公允价值变动收益（除去公允价值变动损失）和投资收益（除去投资损失），得到实际的营业利润。

（2）在营业利润的基础上，加上营业之外的收入，减去营业之外的支出，得出利润总额。

（3）以利润总额为基础，减去所得税费用，计算出净利润（或亏损）。

对于那些普通股或潜在普通股已经进行公开交易的企业和

正处于公开发行普通股或潜在普通股发行进程中的企业，还应在利润表中列示出每股的具体收益信息。

利润表中的以下几项数据非常重要。

（1）净利润。这个数据代表上市企业的全部赢利能力和结果。

（2）净资产收益率。它是财务报表中非常重要的一个数据，在其他数据没有大问题的情况下，仅凭净资产收益率就可以对上市企业内在价值做出基本判断。在计算净资产收益率时应除去报告期内非经常性收入的利润，以便更加准确地反映上市企业的赢利能力和发展前景。

（3）营业收入增长率。成熟行业的赢利和成长性相对比较稳定，所以能够根据利润收入判断企业价值。

现金流量表反映企业在特定时间内现金和现金等价物的流入、流出情况。现金流量表以报告的形式呈现，通过分类反映企业运营中产生的现金流量、投资活动中产生的现金流量以及筹资活动中产生的现金流量，最后再将这些现金流量汇总到一起，反映出企业在特定时间内的现金及现金等价物的净增加额。

现金流量充足意味着企业财务状况健康，在短期内不会出现大的经营风险。同时也意味着企业的资金回笼快，产品有竞争力。

投资者和管理者看待财务报表的侧重点有所不同。投资者更关注投入资本的保值和增值状况，也就是企业的投资回报率；

而管理者会关注企业财务分析的各个方面，以便让各个利益主体都达到平衡。细致、翔实的财务报表可以为企业吸引更多优秀的投资者，招募到更多优秀的员工，从而让企业融资变得更容易。因此，良好的财务报表对于企业的内在价值和市值的提升都能起到促进作用。

12.1.3　财务报表的重要作用

财务报表是对企业财务状况和经营成果以及现金流量的走向进行结构性表述。企业在进行市值管理时，应对财务报表里的三个指标密切关注：收入结构、每股收益（EPS）以及利润构成。财务报表的重要作用，具体表现在以下几个方面。

（1）财务报表可以从不同方面展示企业特定时期的财务状况、经营成果和现金流量情况，有利于企业管理者对任务指标进行了解。同时，财务指标有助于企业对管理人员的经营业绩进行评价，及时发现问题，调整经营方向，完善经营管理水平，为经营预测和决策提供依据。

（2）有利于经济管理有关部门了解企业经济的运行状况。有关部门通过对各企业提供的财务报表资料进行分析，能准确掌握了解各行业、各地区的经济发展情况，以便调控宏观经济运行，优化不同行业的资源配置，保证经济稳定持续发展。

（3）有利于投资者、债权人和其他利益相关者掌握企业的财务状况、经营成果和现金流量情况，进而分析企业的赢利能力、偿债能力、投资收益、发展状况等，为投资者和债权人的投资、贷款和贸易提供决策依据。

（4）便于财政、税务、工商、审计等部门对企业进行监督。这些部门可以通过财务报表对企业是否遵守国家的各项法律、法规和制度，有无偷税漏税的行为进行检查。

企业需要突出财务报表的核心内容，配合市值管理的要求做报表，以实现财务报表对市值管理的正向促进作用。

12.2　财务评价体系和财务预估

在市值管理中，财务评价体系指的是绩效评价体系，即对企业的财务现状和财务指标进行绩效评价。根据该体系背后的会计关系，企业可以建立盈利预测模型，以便更高效、简便地对自身未来的财务情况进行预估。

12.2.1　绩效评价体系如何落地

基于财务数据，企业可以建立合理的市值管理绩效评价体系。企业的内在价值常常不能被准确地反映出来，容易产生低估或高估的现象。如果忽略了这些现象，上市企业对于自身市值的评价就会失之偏颇。

上市企业可以从以下三个方面入手构建绩效评价体系。

1. 上市企业经济价值评价指标体系

上市企业可以从赢利能力、偿债能力、运营能力、成长能力、股本扩张能力、现金创造能力和股东财富创造能力等方面入手，选取以下 8 个指标（表 12-1）构建自身的经济价值评价指标体系。

表 12-1　企业经济价值评价指标体系

分类	指标名称
反映赢利能力的指标	净资产收益率
反映偿债能力的指标	资产负债比率
	速动比率
反映营运能力的指标	总资产周转率
反映成长能力的指标	主营业务收入增长率
反映股本扩张能力的指标	每股净资产
反映现金创造能力的指标	每股净经营现金流
反映股东财富创造能力的指标	经济增加值

其中，赢利能力是企业在市场竞争中占据优势地位的基础，净资产收益率反映的是企业实际净投入的经济效率，衡量企业盈利率是否优于社会平均盈利率，因而是反映赢利能力的重要指标。偿债能力反映了企业的财务状况，资产负债比率和速动比率是其中最常用的指标，分别用来评价长期偿债能力和短期偿债能力。营运能力是衡量企业经营状况的关键因素，总资产周转率是评价企业营运能力的重要指标。

　　拥有良好的成长能力是企业持续经营的前提条件，主营业务收入增长率反映企业主营业务的创利水平，也是反映企业成长与发展能力的重要指标。股本扩张能力能够衡量企业原始资本投入是否能产生增值，每股净资产是其中的重要指标。现金创造能力能够衡量企业财务业绩，每股净经营现金流是代表性指标。股东财富创造能力能够衡量为股东创造的价值，经济增加值是代表性指标。

2. 价值创造指标体系

　　经济增加值是企业经过调整后的税后净经营利润减去资本费用后的余额，资本费用（可称为资本经济价值的机会成本）等于企业的资本投入乘以资本加权平均成本。经济增加值与其他业绩评价指标之间的主要区别是，经济增加值是"经济利润"，当某种商业行为获取"租金"（投资的一种特殊形式的回报）时，其收入必须超过所有的经营费用和所有的资本成本，否则就不会为投资者创造财富。

　　经济增加值考虑了为企业带来利润的全部资金的成本，当企业的资金回报率超出最低回报之后，企业才真正创造了财富。而传统会计利润指标忽视了股权资金的机会成本，只扣除了债务成本。经济增加值科学分析企业财富的增长问题，比传统会计指标具有更丰富的信息含量，是寻找交易和创造价值的最佳方法。

经济增加值考虑了全部资本成本，可以更准确地分析出企业所创造的价值，但是经济增加值只以为股东创造财富为目标，忽略了为员工、供应商、客户及其他利益相关者创造财富，因此经济增加值只能作为企业价值指标体系的一部分，应当与其他指标配合使用，这样才能更准确地衡量出企业创造的价值。

企业为利益相关者创造的价值主要通过赢利能力、运营能力、股本扩张能力、发展能力等企业核心竞争能力反映。因此，评价企业全部的价值创造不仅要分析经济增加值，也要分析其他反映核心竞争能力的指标。这些指标如净资产收益率等与经济增加值共同建立了价值创造评价指标体系，用于评价企业创造的价值。

市值管理的核心思路是使股东价值最大化，因此评价企业价值创造就成为市值管理的重要组成部分。企业主要通过对企业的经营活动进行战略规划，再将战略规划与具体的经营活动相结合，从而创造价值。在这个过程中，企业需要掌控一系列价值驱动因素，这些因素包括财务活动、组织管理活动、营销活动、生产活动以及外部沟通活动等。

市值管理通过对价值驱动因素的控制来实现股东价值增长的目的。上市企业市值管理研究中心依据价值创造能力、价值创造成长性两个因素来评价企业价值创造的能力。

价值创造能力主要通过价值创造量、价值创造效率和赢利能力三大驱动因素来度量。其中衡量价值创造量的指标经济增加值，在考虑了企业权益资本成本的基础上，充分反映企业整体的经济利润；价值创造效率通过资本效率来度量企业单位资本的价值创造效率；赢利能力通过主营业务收益率、净资产收益率和每股收益来度量每股可分配到的净利润。

价值创造成长性反映一家企业未来价值创造的能力。企业可以通过经济增加值增长率、主营业务收益率增长率、净资产收益率增长率、每股收益（EPS）增长率四个增长率来度量价值创造的成长性。

经济增加值并购模型将企业市值分为两部分：当前营运价值和未来增长价值。其中，当前营运价值体现了当前赢利能力产生的价值，未来增长价值是度量企业期望增长价值的贴现值。

下面介绍企业价值创造指标体系的几个重要指标及其计算公式。

（1）经济增加值的含义为，投资资本所得的收益与投资资本的机会成本之差，计算公式为：

经济增加值 = 税后净营业利润 − 资本成本 = 税后净营业利润 − 资本占用 × 加权平均资本成本率

（2）资本效率一般指资本边际效率，它是企业价值增加的推动力，也是资本回报最大化的体现。较高的资本效率是资产投资高质量和资产结构合理的表现，有利于指导上市企业优化资产结构和选择投资方向。计算公式为：

资本效率 = 经济增加值 / 投资资本

投资资本回报率 = （净收入 − 税收）/ 总资本 = 税后营运收入 / （总财产 − 过剩现金 − 无息流动负债）

（3）净资产收益率是反映股东投资利润率的指标，是净利润与权益资本总额的比值。其代表了股票持有者的投资回报率，体现了股东的收益所得。计算公式为：

净资产收益率 = 净利润 / 资产总额 × 100%

（4）主营业务利润率是企业主营业务赢利能力的反映。主营业务突出且具有较高主营业务利润率的企业，更容易实现可持续发展，能够给投资者带来信心。反之，主营业务不明朗或主营业务利润率低下，表明企业的经营存在较大的隐患。计算公式为：

主营业务利润率 = 主营业务利润 / 主营业务收入 × 100%

（5）每股净收益是影响股价的指标，表明每持一股能分配到的净利润。每股净收益与市盈率的乘积就是股票价格，每股净收益与每股净资产的比值就是净资产收益率。行业相同、条件相当的企业被假设认为具有相近的市盈率，对于这些企业，每股收益与股价成正比。计算公式为：

每股收益 = 期末净利润 / 期末总股本

3. 价值实现指标体系

因为上市企业的市场价值常常不能准确地反映其真实价值，因此在股权分置改革之后，对于上市企业而言，市值管理的重要内容之一就是企业价值实现的管理。上市企业市值管理研究中心选择从市值的规模、效率、成长性等方面来度量企业价值实现。

在衡量企业的规模时，市值是最直接、最重要的指标，它反映了企业的当前价值和未来价值。同时，反映企业价值创造结果的还有财务指标，即市场增加值。在效率方面，托宾 Q 理论[1]可以反映单位资本的市值创造能力。市场增加值和市值增长率指标反映了企业的成长性。

（1）市场增加值是企业市值与累计资本投入之间的差额，反映了企业累计为投资者创造的财富。理论上，市场增加值是

---

[1] 托宾 Q 理论是经济学家托宾于 1969 年提出的一个著名的系数，即"托宾 Q"系数。该系数是指资本的市场价值与其重置成本之比。

市场对企业未来获得经济增加值能力的反映，即市场增加值等于未来经济增加值的折现值。计算公式为：

市场增加值 = 企业市值 − 累计资本投入

（2）市场增加值率是企业市场增加值与累计资本投入之比，表明了一家企业单位资本创造了多少财富，它反映了资本的投资效率。计算公式为：

市场增加值率 = 市场增加值 / 累计投入资本 ×100%

（3）市场增加值平均增长率是上市企业前 3 年市场增加值增长率的平均数值，反映了上市企业资产增长的平均速度，用来估计未来增长率。计算公式为：

市场增加值平均增长率 =0.5× 市场增加值增长率（*t*）+ 0.3× 市场增加值增长率（*t*−1）+0.2× 市场增加值增长率（*t*−2）（*t* 为年份，如 *t*=2022，*t*−1=2021，*t*−2=2020，公式可得出 2020—2022 年的市场增加值平均增长率）

补充说明：对于上市不足 3 年的企业，为了和其他上市企业比较，可以把不存在市场增加值数据的年份的市场增加值增长率用其所属行业的市场增加值的平均增长率来替代。另外，无法计算市场增加值增长率的新上市企业也可采用此方法。

（4）市值能够反映企业价值的大小，它不仅能体现企业过去的发展状况，还能体现企业未来的发展状况。市值大小反映了上市企业的规模大小及整体实力。计算公式为：

市值 = 年末总股本 × 年末流通 A 股股价

补充说明：对于同时包含 B 股、H 股或其他外资股的企业，其市值依据股价与股本之积之和计算。依照年底最后一个交易日的人民币兑换相应外币的汇率来计算价值。

（5）托宾 Q 是企业的市场价值与企业的资本重置成本之比。若该系数高，那么该企业的市场价值就高于企业的重置成本，新厂房设备的成本就低于企业的市场价值。计算公式为：

托宾 Q= 市值 / 资产重置成本

（6）市值平均增长率是上市企业前三年市值增长率的平均值。其反映了上市企业市值增长的平均速度，用来估计未来增长率。计算公式为：

市值平均增长率 =0.5× 市值增长率（ t ）+0.3× 市值增长

率（t-1）+0.2×**市值增长率**（t-2）（t **为年份，如** t=2022，t-1=2021，t-2=2020，**公式可得出** 2020—2022 **年的市值平均增长率**）

通过建立以上三个体系，上市企业可以构建合理的绩效评价体系，以实现对企业财务的管理。

12.2.2　盈利预测模型的三大组成部分

盈利预测模型是将企业对各种经营活动和资本结构的假定，通过各种会计关系转化为财务报表，预测企业财务状况。基于盈利预测模型，企业可以对未来的现金流量进行计算，然后据此进行企业估值，最终实现企业战略的落地。

想要建立盈利预测模型，首先，企业需要了解它包含的内容。盈利预测模型包含的内容有以下三个部分，如图 12-2 所示。

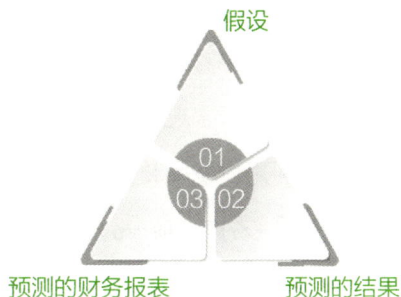

图 12-2　盈利预测模型

假设：包括经营活动假设、营运资金假设、资本性投资假设、资本结构假设等。预测的财务报表：包括利润表、资产负债表以及现金流量表等。预测的结果：包括现金流量等。

其次，企业要掌握建立盈利预测模型的步骤，如图 12-3 所示。

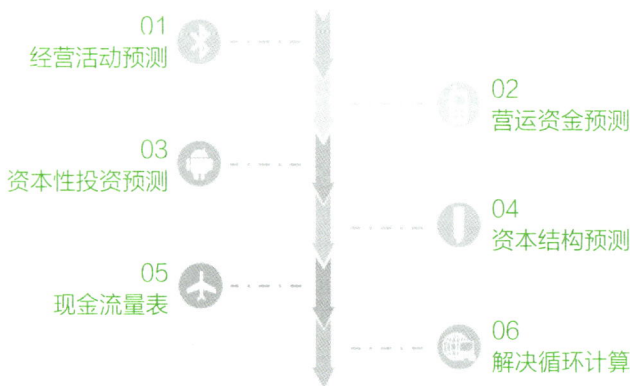

01
经营活动预测

02
营运资金预测

03
资本性投资预测

04
资本结构预测

05
现金流量表

06
解决循环计算

图 12-3　建立盈利预测模型的步骤

（1）经营活动预测是对企业销售收入的增长率的预测，需要利用企业的各种利润比率，例如营业费用增长率、销售收入增长率等进行预测，最后要将有关结果录入利润表。

（2）营运资金预测是对不含现金的营运资金各项目的周转率或周转天数的预测，利用周转率和销售收入等数据来完成预测，最后要将有关结果录入资产负债表。

（3）资本性投资预测是对企业未来的资本性投资的预测，具体包括固定资产、土地使用权等。企业需要通过固定资产、无形资产的折旧摊销政策，来计算各个时期的折旧摊销，并确定各个时期期末的固定资产与无形资产原值、累计折旧摊销以及净值，最后要将有关结果分别录入利润表和资产负债表。

（4）资本结构预测需要确定企业的目标资本结构，然后对企业债务的主要项目以及股本增减进行预测，最终将有关结果录入资产负债表。

（5）企业要根据已有的利润表以及资产负债表，利用间接法来完成现金流量表的预测。

（6）解决循环计算需要企业通过现金流量表中的期末现金与资产负债表中现金的关系、现金与利息费用的关系，来对企业债务的额外增减和利息费用进行预测，并完成财务报表的编制工作，最后需要通过资产与负债、权益的关系，对资产负债表的平衡关系进行检查。

在建立盈利预测模型时，企业除了要遵循以上几个步骤外，还要注意企业所属行业和企业战略。通过盈利预测模型，企业能对企业与业务的内在价值进行估值，从而确立各种交易的定价，为企业的投资、战略提供正确意见。

第 **13** 章

合法合规：上市流程
及制度全解析

企业如果想要上市，就必须对上市的相关情况有所了解。有些企业不了解上市流程，导致上市失败或者上市速度变慢；还有些企业没有提前学习上市制度，最后因为上市不合法、不合规而遭受处罚。无论出现哪种情况，都会对企业的上市造成影响。如果企业无法上市，那么企业的市值管理就没有太大意义了。本章以合法、合规的角度为切入点，详细介绍上市流程及制度，帮助企业顺利上市。

13.1　准备阶段

企业上市需要经历一个准备阶段，这个阶段非常重要，是决定上市成功与否的关键。在这个阶段，企业需要做很多工作，如组建上市工作小组、制定战略方案、召开企业创立大会、报送文件并登记注册等。

13.1.1　组建上市工作小组

企业确定了上市目标之后，首先需要组建专门的工作小组。上市工作非常复杂，涉及面广，工作量大，周期长，因此必须调配专门的人才，成立专门的工作小组来负责企业的上市工作。

一般来说，企业还应成立上市委员会及其下属的上市工作小组。上市委员会一般由董事长任组长，由董事会秘书、主要高管成员、企业财务负责人等相关人员任组员，企业也可以聘请专业的上市顾问加入上市委员会。

上市过程中重大问题的决策由上市委员会负责，并指挥其下属的上市工作小组实施上市工作任务，以便顺利完成上市计划。因此上市委员会的相关人员都需要参加有关上市知识的培训。

另外，董事会秘书的任命对企业的整个上市过程也十分重要。董事会秘书不仅是企业上市的先行官，也要负责具体执行上市计划。董事会秘书在企业上市过程中应体现出应有的专业素养，掌握上市相关的法规、政策，为企业拟订上市规划，并上报企业决策层进行审议，通过后再具体实施。此外，董事会秘书还要积极配合中介机构的工作，确保上市计划顺利实施。

如果企业暂时找不到合适的董事会秘书人选，董事会秘书一职也可以由企业财务负责人兼任。企业也可以聘请专业的上市顾问来负责企业的上市工作。

上市工作小组一般由总经办、人力资源部门、财务部门和其他有关部门选派 3~5 人组成，由上市委员会统一领导。上市工作小组对上市工作进行具体安排，主要包括配合上市顾问、证券商、上市律师、上市会计师、上市评估师等中介机构工作，按照要求准备详尽资料，促进各项工作顺利完成。

除此之外，企业的上市准备还包括尽职调查。尽职调查一般在保荐人开展上市工作前进行，根据行业内公认的执业标准和职业道德，从法律、财务等角度对与企业上市的相关事项进行现场调查和资料审核。尽职调查的目的在于，协助拟上市企业全面了解自身情况，及时发现问题，尽快弥补与上市要求之间的差距。尽职调查还能协助中介机构进行项目风险评估，提升企业的风险防范能力和风险管理水平。同时规定企业，其提供的信息必须真实、完整、有效。

尽职调查的内容包括：企业成立的信息、企业的组织结构和人力资源情况等基本信息；企业业务和产品状况；企业经营现状以及可持续发展状况；企业的财务与资产状况；企业重要合同、知识产权、诉讼状况；企业纳税、环保、安全状况等。

完成尽职调查后，企业上市工作小组应当和保荐人、上市律师、上市会计师、上市评估师等中介机构对尽职调查结果进行合理分析，找到拟上市企业还需改进的问题并提出切实可行的方案，然后制定具体的上市工作方案。

13.1.2　制定战略方案

企业上市的战略方案对企业上市工作具有指导作用。企业股东会和董事会要对重大事项的决议进行讨论，表决通过后再实施。所以上市战略方案也是各方商讨后的结果，其内容应随着上市进程的推进而有所调整，并且在必要时也应做出重大方向上的调整。制定合理可行的上市战略方案是企业成功上市的关键。那么，企业应如何制定上市战略方案呢？

（1）上市战略方案应由保荐人以及企业上市工作小组、上市律师、上市会计师、上市评估师等中介机构及专业顾问在进行尽职调查的基础上，集思广益制定得出。上市战略方案应包含拟上市企业目前存在的问题，以及相应的解决思路与方法。

（2）上市战略方案的内容主要包括企业的现状分析、企业改制和重组的目标、股权结构的调整、资产重组的原则和内容、重组中应当注意的问题、企业上市操作的相关事宜、工作程序和时间安排以及组织实施及职责划分等。

（3）上市领导小组应积极配合中介机构开展审慎调查工作，全面了解企业情况，对上市方案进行设计。同时证券商和其他中介机构要向发行人提交审慎调查提纲，企业根据提纲提供相关文件资料。审慎调查的目的是让投资者看到全面、真实、有效的招股资料，审慎调查也是制作上市申报材料的基础。

（4）为了保证企业满足上市条件，在制定上市方案的过程中，企业应在保荐人和主承销商的协助下，对企业的业务、资产、债务、股权、人员和管理等方面的重组进行统筹安排，保证重组工作稳步进行。

（5）上市方案还应确定上市日程，具体包括转制重组、引入风险投资、正式上市三部分工作的时间安排。一般来说，上市需要两年左右的时间，企业要把上市工作划分为不同的连续阶段，明确各阶段工作完成的时间，以保证上市工作按时完成。

13.1.3　召开企业创立大会

企业注资、验资完成后，发起人需要在 30 天内主持召开企业创立大会。创立大会的组成人员是参与企业设立并认购股份的人。发起人需要在创立大会召开 15 日前将会议日期通知各认股人或者予以公告。

《公司法》第九十条第二款规定："创立大会行使下列职权：

（一）审议发起人关于公司筹办情况的报告；

（二）通过公司章程；

（三）选举董事会成员；

（四）选举监事会成员；

（五）对公司的设立费用进行审核；

（六）对发起人用于抵作股款的财产的作价进行审核；

（七）发生不可抗力或者经营条件发生重大变化直接影响公司设立的，可以做出不设立公司的决议。

创立大会对前款所列事项做出决议，必须经出席会议的认股人所持表决权过半数通过。"

如果出席创立大会的发起人、认股人代表的股份不足 50%，那么创立大会将无法举行。

创立大会的结束意味着董事会和监事会成员的诞生。发起人需要组织召开股份有限公司的第一届董事会会议以及第一届监事会会议，并在会议上选举董事长、董事会秘书、监事会主席、企业总经理人选，明确高级管理人员职位。

在上市企业中，董事会是维持组织稳定和发展的核心动力。股东之间、股东与经营者、员工及企业其他利益相关者之间，在战略规划、理念认识、利益分配等不同方面都很难达成一致。董事会的主要职责是化解企业不同成员之间的矛盾，让他们保持稳定的合作关系，以维护企业及其成员的利益。

第一届监事会的股东代表监事候选人的选举主要由股东进行提名，这些股东是上市企业筹委会成员，持有或合并持有上市企业发行在外的普通股股份总数的10%。

监事会的监事由股东代表和企业职工代表担任，企业还可以根据需要设立独立监事。其中，担任监事的企业员工代表人数通常要占监事总人数的1/3。监事会成员中不少于1名专职监事。专职监事应确保不在该上市企业的下属企业、该上市企业的股东单位或其他任何相关单位从事兼职监事工作。另外，监事会成员中应包括1名以上的具有审计、财会专业知识的人员。

13.1.4　报送文件，登记注册

《公司法》第九十二条规定："董事会应于创立大会结束后三十日内，向公司登记机关报送下列文件，申请设立登记：

（一）公司登记申请书；

（二）创立大会的会议记录；

（三）公司章程；

（四）验资证明；

（五）法定代表人、董事、监事的任职文件及其身份证明；

（六）发起人的法人资格证明或者自然人身份证明；

（七）公司住所证明。

以募集方式设立股份有限公司公开发行股票的，还应当向公司登记机关报送国务院证券监督管理机构的核准文件。"

企业变更登记事项需要修改企业章程，应及时向企业登记机关提交由企业法定代表人签署的修改后的企业章程或者企业章程修正案。依照法律规定，在企业变更登记前需要通过批准，还需要向登记机关提交企业相关的批准文件。企业登记机关收到股份有限公司的设立登记申请文件后，开始对文件进行审核，并在 30 天内做出是否予以登记的决定。如果登记申请文件符合《公司法》的各项规定条件，企业登记机关将予以登记，并给企业下发营业执照；如果登记申请文件不符合《公司法》的相关规定，则不予登记。

股份有限公司的成立日期就是企业营业执照的签发日期。企业成立后，应当进行公告。拿到企业营业执照意味着企业改制顺利完成，随后企业将进入上市之前的辅导期。

企业登记必须在国家规定的企业登记机关进行。依《公司登记管理条例》及相关法律文件的规定，企业登记机关是国家市场监督管理总局及其地方各级工商行政管理机关。

企业无论是进行设立、变更，还是注销登记，都需要在同一登记机关进行登记，并且当企业地址迁移或跨地区设立分支机构时，除了要在变更地址后的登记机关登记，还要在原登记机关进行变更登记。

13.2　上市辅导期

企业要想顺利上市，必须经过上市辅导。上市辅导由符合条件的证券机构负责，内容主要是对企业进行规范化培训与监督。大多数企业的上市辅导期是 3~12 个月，在这段时间内，企业需要尽可能地配合证券机构的工作。

13.2.1　上市辅导的程序

《首次公开发行股票辅导工作办法》（证监发〔2001〕125 号）第二条规定："凡拟在中华人民共和国境内首次公开发行股票的股份有限公司（以下称'辅导对象'），在提出首次公开发行股票申请前，应按本办法的规定聘请辅导机构进行辅导。

但中国证监会另有规定的除外。"

即将上市的企业接受上市辅导很有必要，上市辅导具有以下优势：

（1）建立良好的企业治理环境；

（2）提升企业独立运营和持续发展的能力；

（3）树立进入证券市场的诚信意识、法制意识；

（4）企业的董事、监事、高级管理层人员应全面掌握企业发行上市的法律法规、证券市场的运行规范以及信息披露的要求；

（5）具备进入证券市场的基本条件。

拟上市企业在辅导期中面临的第一个问题就是熟悉上市辅导的程序，其程序具体如下。

1. 聘请辅导机构

拟上市企业在选择辅导机构时，要综合考察辅导机构的独立性、专业资格、资信状况、市场推广能力、承办人员的业务水平等因素。

2. 辅导机构提前入场

按规定，上市辅导在企业改制完成后正式开始，但由于改制是上市辅导工作的重点，因此在选定辅导机构之后，企业应让辅导机构尽早介入企业的上市发行方案的总体设计和具体操作中。

3. 双方签署协议，登记备案

企业成立后，需要与辅导机构签署正式的辅导协议。同时企业与辅导机构需要在辅导协议签署后 5 个工作日内到企业所在地的证监会派出机构办理辅导备案登记手续。

4. 报送辅导工作备案报告

辅导开始后，辅导机构每 3 个月需要向证监会派出机构寄送一次辅导工作备案报告。

5. 整改企业现存问题

在辅导过程中，辅导机构会针对拟上市企业现存的问题提出整改意见，由企业主导整改现存问题。

6. 公告准备发行股票事宜

拟上市企业应在辅导期内接受辅导，并在辅导期满 6 个月之后的 10 天内向媒体公告准备上市事宜，接受社会的监督。公告后，如果证监会派出机构收到关于拟上市企业的举报信，就会组织调查举报信的相关内容。对此，企业应积极配合，消除上市过程中的风险。

7. 辅导书面考试

在辅导期内，所有接受辅导的人员要接受辅导机构的书面考查至少一次，直到全体应试人员的考核成绩全部合格为止。

8. 提交辅导评估申请

辅导协议期结束后，如果辅导机构认为拟上市企业已达到上市标准，需要向证监会派出机构报送"辅导工作总结报告"，提交辅导评估申请。如果辅导机构和拟上市企业认为没有达到计划目标，可以向证监会派出机构申请适当延长辅导时间。

9. 辅导工作结束

证监会派出机构在收到辅导机构向其提交的辅导评估申请后，将于 20 个工作日完成对辅导工作的评估。辅导工作评定合格后，证监会派出机构会向中国证监会出具"辅导监管报告"，表明对辅导效果的评估意见，上市辅导到此结束。如果证监会派出机构对辅导评估的评审结果为不合格，则会根据实际情况延长辅导时间。

13.2.2　上市辅导的内容

辅导机构在辅导企业上市的过程中，首先应在尽职调查的基础上依据上市法律法规规定的辅导内容对企业进行辅导，主要包括以下几个方面。

（1）辅导机构应组织并督促企业董事、监事、高级管理人员及持有 5% 以上（包括 5%）股份的股东进行上市规范运作和其他证券基础知识的学习、培训和考试，增强其法制观念和诚信意识。

（2）辅导机构应核查股份有限公司的合法性与有效性，核查内容包括改制重组、股权转让、增资扩股、折股或验资等是否合法，产权关系是否明晰，股权关系是否符合规定。

（3）辅导机构应核查股份有限公司人事、财务情况、资产情况及供产销系统的独立性和完整性，促进核心竞争力的发展，督促股份企业依据相关规定初步建立符合企业制度要求的治理基础。例如，妥善处理企业商标、企业用地、房屋产权等资产的所属权问题。

（4）辅导机构应监督企业建立健全组织机构，完善内部决策和控制制度，形成完善的财务、投资、内部约束和激励制度，同时还要建立符合上市企业要求的信息披露制度。

（5）辅导机构还应及时督促股份企业规范和控股股东及其他关联方的关系，妥善处理同行业之间的竞争和关联交易问题。

（6）辅导机构应帮助拟上市企业制定业务发展目标和计划，同时制定募股资金的投向及其他投资的项目规划。

（7）辅导机构应帮助拟上市企业开展首次公开发行股票的相关工作。综合评估股份企业是否达到发行上市条件。在辅导前期，辅导机构应协助企业进行摸底调查，制定全面的辅导方案；在辅导中期，辅导机构应协助企业集中学习和培训，发现并解决问题；在辅导后期，辅导机构应对企业进行考核评估，完成辅导计划，做好上市申请文件的准备工作。

（8）辅导机构应督促企业做到独立运作，确保企业的业务、资产管理、员工分工、财务政策、机构设置等方面的建设健全、独立，主要业务突出，核心竞争力稳步提升。

企业需要注意辅导的有效期是 3 年，此次辅导期满后的 3 年之内，拟上市企业都可以向主承销商提出股票发行和上市申请，超过 3 年后，还应继续按照规定的程序及要求重新聘请辅导机构对企业进行辅导。

上市辅导不仅要规范企业运作，还要对企业股票的发行做出详细的计划。企业与辅导机构协商完成股票发行计划，可以更好地推动股票发行工作的开展。股票发行计划主要包括募集资金投向、募集资金额、股票发行价格、发行量、股票发行时间五方面内容。

1. 募集资金投向的确定

募集资金投向应符合国家相关政策，确保可行。投资项目的立项审批时间和结果都是不确定的，项目的可行性也会随着时间推移而变化，因此，企业可多储备一些投资项目，增加选择范围，避免陷入被动局面。

2. 募集资金额的确定

募集资金额应满足投资项目的资金需求。募集资金数额和投资项目应当与发行人现有生产经营规模、财务状况、技术水平和管理能力等相适应。

3. 股票发行价格的确定

股票发行定价，应考虑企业股票的未来潜力、可比企业的股票价格、证券市场的大环境、政府的政策等因素。证监会对企业首次公开发行股票的定价管制较为严格，股票发行市盈率不得高于 20 倍。

4. 股票发行量的确定

一方面，股票发行量需满足股票上市的条件。企业发行后股本总额不少于 5000 万股，向社会公开发行的股份不少于发行后股本总额的 25%，才能申请股票上市。另一方面，股票发行量应以实现筹资计划为目的。在募集资金额确定的情况下，由于股票发行价格有 20 倍发行市盈率的上限，股票发行量必须扩大规模才能达到融资需求，具体股票发行量则取决于发行价格的高低。

5. 股票发行时间的确定

确定股票发行时间应考虑的因素包括：

（1）能否如期完成资金募集；

（2）预计提交上市申请时是否满足股票发行上市条件；

（3）预计发行时的证券市场环境；

（4）股票发行上市的政策变化趋势。

在上市辅导中，企业应与辅导机构通力合作，对企业结构、运营等方面做出调整，确保企业的独立性。同时，在上市辅导时期，双方还要协商上市所需的流程，制订合理可行的股票发行计划。

13.2.3 准备申报材料、申请报批

我国现在已经全面实行注册制，在注册制下，上市申报与核准的流程也发生了一定的变化。发行人，即上市企业要让保荐人进行保荐，并委托保荐人通过证券交易所的相关系统报送申报材料。通常申报材料主要包括以下内容：

（1）上市报告书；

（2）发行保荐书；

（3）上市保荐书；

（4）申请上市的股东大会决定；

（5）公司章程；

（6）营业执照；

（7）经法定验证机构验证的最近三年的或者成立以来的财务会计报告、法律意见书和证券机构的推荐书；

（8）最近一次的招股说明书；

（9）证券交易所要求的其他文件。

证券交易所会在收到申报材料后的 5 个工作日内作出是否受理的决定，并将结果告知发行人及其保荐人。证券交易所对申报材料进行审核后，还要将其报送中国证监会审核。如果中国证监会发现存在影响发行条件的新增事项，就会要求证券交易所做进一步问询，并针对新增事项形成更完善的审核意见。发行人则要根据相关规定补充、修改申请材料。

证券交易所对发行人的申请材料进行再次审核后，如果认为发行人符合发行条件和信息披露要求，就会重新向中国证监会报送申请材料和审核意见，此时注册期限也必须重新计算。

接下来，中国证监会要重新审核申请材料和证券交易所的审核意见，并在 20 个工作日内对发行人的上市申请作出予以注册或不予注册的决定。

如果中国证监会不予注册，会向发行人出具书面意见并说明不予注册的理由。中国证监会 2023 年 2 月 17 日发布的《中国证券监督管理委员会令》第三十五条规定："交易所认为上市公司不符合发行条件或者信息披露要求，作出终止发行上市审核决定，或者中国证监会作出不予注册决定的，自决定作出之日起六个月后，上市公司可以再次提出证券发行申请。"也就是说，如果发行人此次没有通过上市申请，未来还是可以进行再次申请的。

如果中国证监会作出予以注册的决定，会向发行人出具注册文件，证券交易所就可以发布上市公告。发行人则要根据投资者的报名情况，进行股票发行与认购。当股票正式上市后，投资者就可以通过证券交易所交易股票。

最后要注意的是，企业还需对举报信处理程序引起重视。证监会对举报信的处理是独立运转的，不影响发行审核进度。缺少依据、线索、署名的举报信，会由保荐机构和其他申报中介机构进行核查；对于线索、署名和联系方式明确的举报信，证监会可做同业复核。在举报信被中介机构核查的过程中，企业应对举报情况进行具体说明。

13.3 上市阶段

企业完成准备工作，也顺利度过辅导期后，就可以正式进入上市阶段。这个阶段的主要工作包括刊登招股说明书、股票定价与商业路演、刊登上市公告书、进行上市交易等。需要注意的是，即使是处于这个阶段的企业，也不能忽视市值管理，毕竟市值管理是一项长期工作。

13.3.1 刊登招股说明书

招股说明书是就募股事项发布的书面通告，主要内容包括以下几个方面。

（1）企业概况：企业历史、性质、企业组织及员工状况、董事、经理、发起人名单等。

（2）企业经营计划：资金分配、收支及盈余的预算等。

（3）企业业务现状和未来预期：设备情况，经营品种、范围及方式，市场营销分析和预估。

（4）专业人士对企业业务、技术、财务的审查意见。

（5）股本和股票发行：股权结构，股权变动历程，股息分配，股票发行的起止日期、总额和每股金额，股种及其参股限额，购买股份手续，企业股票承销机构等。

（6）企业财务状况：注册资本、资产负债表、损益表、年底会计师报告等。

（7）企业近几年年度报告书。

（8）附企业章程及有关规定。

（9）附企业股东大会重要决议。

（10）其他事项。

企业首次公开发行股票，在正式交易之前需要刊登招股说明书。拟上市企业制作招股说明书时需要注意以下六个问题：

（1）说明风险因素与对策时，给出有效的应对之策，可以增强信服力。

（2）说明募集资金的运用时，具体说明资金流向了哪些项目。

（3）具体介绍企业上市后的股利分配政策，让投资者和股民了解可以得到的回报。

（4）给出过去至少3年的经营业绩，说明企业经营的稳定性。

（5）说明企业的股权分配情况，重点介绍发起人、重要投资者的持股情况。

（6）预测赢利。精准预测企业未来的赢利状况直接关系到企业股票的发行情况。

发起人可以研读已上市企业的招股说明书，然后结合企业情况撰写招股说明书。一般情况下，在发出上市申请的时候，招股说明书的申报稿就已经完成。在发行上市之前，企业需要与证券交易所协商招股说明书的定稿版，然后在证券交易所官网刊登招股说明书。

13.3.2　股票定价与商业路演

招股说明书刊登完毕后，接下来企业就需要确定股票发行的价格，通常有以下三种方式。

（1）协商定价。企业和保荐机构根据股票估值，协商确定发行价格，再报证监会核准。为了刺激投资者认购，保证股票上市后表现优秀，一般股票发行价格会比二级市场价格低一定幅度。

（2）向法人投资者询价定价。企业和保荐机构根据股票估值，确定股票发行价格的上限和下限，并向法人投资者询价，根据其预约申购情况确定最终发行价格。

（3）向所有投资者累计投标定价。企业和保荐机构根据股票估值，确定发行价格区间，投资者在发行价格区间内，按照不同发行价格申报认购不同数量的股票，最后参考所有投资者在相同价格水平上的认购数量，累计计算出一系列不同价格。

在确定股票价格期间，拟上市企业还要进行路演活动向社会推广股票，路演情况也是股票定价的参考因素之一。

要举办任何活动，首先都得知道如何策划，路演当然也不例外。在实际操作时，企业管理者可以通过"5W1H"分析法对路演进行策划。

1. Why（为什么，即路演目的）

路演目的即为什么要进行路演。一般来说，拟上市企业进行路演的目的都是宣传项目，获得投资者的投资。但对于企业来说，不同轮次的融资，路演也应该有不同的重点。例如，上市路演的重点是介绍企业的运营现状和发展前景，促进投资者与企业之间的沟通和交流，以保证股票的顺利发行。

2. What（做什么，即路演主题）

路演主题是路演精华的呈现，即通过简短的表达，把路演内容直白地告诉投资者。大多数路演都是以介绍商业计划书、与投资者就相关问题进行讨论等为主题。

3. Who（什么人，即路演对象）

如果拟上市企业没有明确路演对象，那么路演很可能会失败。当明确了参与路演的投资者都有谁，并掌握这些投资者的兴趣点后，路演就可以获得不错的效果。

4. Where（在哪里，即路演地点）

路演地点，即路演要在哪里举行。之前的路演大多在线下进行，现在的路演因新冠疫情的影响也可以转移到线上进行，例如，企业管理者和投资者可以通过视频会议的形式进行路演，双方在线上对商业计划书的某些细节进行确认和商议。

5. When（在何时，即路演时间）

路演时间，即路演的开展时间。通常来说，在确定路演时间方面，投资者掌握主动权，由投资者确定好时间后提前通知企业管理者。当然，也可以由企业管理者自行选择路演时间，投资者按时参加路演。

6. How（怎么干，即路演方式）

路演方式和路演对象、路演地点有一定关系。例如，投资者的年龄、兴趣、偏好，会影响路演方式，企业管理者要选择符合他们特性的路演方式。在路演地点方面，如果是在线下开展路演，那么企业管理者可以将路演环节设计得全面一些，而如果是在线上开展路演，则可以一切从简。

对于企业管理者来说，参加路演并介绍项目已经是家常便饭，掌握"5W1H"分析法会使他们在路演时更游刃有余，在投资者面前大显身手，顺利推动企业上市。

13.3.3　刊登上市公告书与上市交易

确定好股票定价后，企业就可以刊登上市公告书并进行上市交易了。上市公告书是企业上市前进行信息披露的重要资料。一般来说，企业在发行股票、注册登记后，就能向证券交易所提出上市申请。证券交易所收到申请文件后，会在20个工作日内做出审批决定。通过审批后，企业就要确定上市时间，并将文件呈送证券主管机关备案。

上市企业被批准上市后，必须在股票挂牌交易的前3天内，在证监会指定的信息披露报刊上刊登上市公告书，向社会公众宣传和说明股票上市的有关事项，以便投资者做出正确的投资选择。另外，企业还要将上市公告书一式十份呈送证监会，以便公众查阅。

上市公告书的编写需遵守以下要求。

（1）引用数据有充分依据，并注明来源。

（2）引用数字使用阿拉伯数字，货币金额应以人民币为单位（特别说明除外）。

（3）企业可根据有关规定，编制上市公告书外文版本，但要保证中、外版本一致，并在外文版本上注明："本上市公告书分别以中、英等文编制，当理解上发生歧义时，以中文版本为准。"

（4）采用质地良好的纸张印刷，标准 A4 纸规格。

（5）写明发行人名称、"上市公告书"字样、公告日期、徽章或其他标记等。

（6）使用事实描述性语言，保证内容简明扼要、通俗易懂。

上市公告书包括以下内容：

（1）要览：关键内容提示；

（2）绪言：合规情况及责任声明；

（3）发行企业概况：发行企业简介及历史沿革；

（4）股票发行及承销：股票发行情况、承销情况以及企业资金情况；

（5）董事、监事及高级管理人员持股情况：管理人员简介、变动情况以及持股情况；

（6）企业设立：企业注册时间、资金、地点以及营业执照号码；

（7）关联企业及关联交易：详细列出可能损害企业股东利益的关联企业和关联交易；

（8）股本结构及大股东持股情况：说明上市前的股权状况及前 10 名股东的持股情况；

（9）公司财务会计资料：列示企业上市前的主要财务会计资料；

（10）董事会上市承诺：企业董事会对遵守上市法律法规的承诺；

（11）重要事项揭示：列示企业股票发行后可能影响股东收益的重要事项，在招股说明书披露过的内容不用再重复披露。

成功刊登合规的上市公告书后，企业就可以在证券交易所公开挂牌交易了。股票上市是连接股票发行和股票交易的"桥梁"，对于企业来说这是一个重要进步，企业将获得巨额投资，有利于长远发展。

参考文献

［1］章诚爽，赵立新. 成就千亿市值：市值管理与投关指南［M］. 北京：中国广播影视出版社，2021.

［2］廖连中. 企业融资：从天使投资到 IPO［M］. 北京：电子工业出版社，2019.

［3］贺志东. 企业融资管理操作实务大全［M］. 北京：企业管理出版社，2018.

［4］春之霖. 法律常识一本全［M］. 北京：中华工商联合出版社，2021.

［5］常坷. 股权激励实战手册［M］. 北京：中国铁道出版社，2020.

［6］戴维·罗斯（David Rose）. 创业清单［M］. 北京：中国人民大学出版社，2017.